En miljövänlig bok!
Pappret i denna bok är tillverkat
av helt mekanisk trämassa – utan
tillsats av klor och kemisk massa
eller andra miljöfarliga ämnen.

ALF HENRIKSON

En skandinavisk historia

NORGE & SVERIGE UNDER 1000 år

Med teckningar av Ulf Aas

MånPocket

Omslag av Pia Forsberg
Omslagsteckning: Ulf Aas
© *Alf Henrikson 1992*
© *Teckningar: Ulf Aas 1992*
© *Bokförlaget Atlantis AB 1992*

*Denna MånPocket är utgiven enligt överenskommelse
med Bokförlaget Atlantis AB, Stockholm*

*Tryckt i Norge hos
Aktietrykkeriet i Trondhjem 1994*

ISBN 91-7643-075-8

Snorri Sturluson

SNORRI STURLUSON, den store isländske sagoberättaren, inleder sin historia om Norges konungar med diverse notiser om den trollkunnige invandraren Oden och dennes mer eller mindre pittoreska efterträdare i det svenska Uppsala. Sist i deras rad uppträder Ingjald Illråde, som sägs ha förenat svearnas landskap till ett rike genom att innebränna en samling småkonungar från kringliggande bygder. Själv innebrändes han i sinom tid efter ett förlorat krig mot skåningen Ivar Vidfamne, vilken därpå slog under sig icke blott Sverige och Danmark utan även de baltiska länderna, en del av Saxland och en femtedel av England, påstår Snorri, som dock inte räknar Norge till hans erövringar. En son till Ingjald Illråde sägs i stället ha flytt västerut till Värmland, där han fällde skog med sådan energi att han fick heta Olof Trätälja. Ortsbor som hade ont om mat offrade honom omsider åt Oden, ty de tyckte att han hade blotat alldeles för dåligt, men hans son Halvdan Kvitbein gifte sig till ett litet rike i grannlandet, och från honom härstammade Harald Hårfagre, som från sitt fotfäste i Vestfold enade hela Norge under sin spira.

Snorri Sturlusons berättelse om Norges och Sveriges politiska tillkomst är naturligtvis inte trovärdig för nutidens källkritiska människor, men den kan väcka eftertanke. Ingjald Illråde och Ivar Vidfamne brydde sig inte om Norge. Harald Hårfagre lär ha underlagt sig både Ranrike och Värmland i kamp med en sveakonung som hette Erik Emundsson, men i huvudsak var hans intresse vänt västerut; han lade först och främst Shetlandsöarna och Orkneyöarna under sitt välde. De skandinaviska bröderna har nästan alltid suttit rygg mot rygg och tittat åt var sitt håll vad storpolitiken beträffar. Då och då under seklernas lopp har de vänt sig om och slagit varandra på käften, mestadels under medverkan av en tredje broder.

Låtom oss bläddra igenom våra gemensamma hävder och se efter vad de kan ha antecknat såsom minnesvärt!

Det kan förväntas handla mycket om krig och konungar, ty krig har varit vanliga och konungar har styrt staternas politiska mellanhavanden ända till helt nyligen. Fredliga affärer och tankeutbyten enskilda människor emellan har förvisso ägt rum över den långa gränsen alla dagar sedan historiens gryning, men därom handlade aldrig storpolitiken och nationernas upptecknade öden.

Mest känd av Snorri Sturlusons många goda historier är väl den om slaget vid Svolder, traditionellt daterat till den 9 september år 1000.

Olof Skötkonung kallas så av osäker anledning – gamla skolböcker föreslår att han kanske blev utropad till konung medan han ännu befann sig i sin moders sköte. Modern var en slavisk prinsessa, enligt vad sentida forskare tror sig veta; hon blev änka efter den svenske Erik Segersäll och gifte sedan om sig med den danske Svend Tveskæg varpå hon kanhända åvägabragte en allians mellan sin son och hans styvfar gentemot den hurtige Olav Tryggvason i Norge. I den isländske krönikörens berättelse är hon emellertid överhoppad och ersatt med en amper västgötska som därför är långt ryktbarare än den verkliga drottningen. Hon kallas Sigrid Storråda och är stor jordägare i västra Sverige, där hon låter innebränna ett par furstliga friare under förklaring att hon skall vänja småkonungarna av med att komma och gilja till hennes gunst. Gentemot Olav Tryggvason som nyss har slagit under sig hela Norge är hon dock mera medgörlig. Paret träffas i Kungälv och kommer överens om att gifta sig, men så drar Olav upp religionsfrågan. Sigrid Stor-

Slaget vid Svolder

råda säger att hon inte vill överge sina fäders religion, men å andra sidan tänker hon inte klandra honom för hans kristna tro. Då blir Olav Trygvason mycket vred och utbrister: »Hur skulle jag kunna taga dig, hundhedning!« Han slår henne dessutom i ansiktet med sin handske, varpå hon i sin tur fäller en bevingad replik: »Detta skulle väl kunna bliva din bane!«

Därmed går hon och gifter sig med Svend Tveskæg, vilket är upptakten till Olav Tryggvasons död i slaget vid Svolder, en ö som icke är tillfinnandes på någon karta. De allierade monarkerna och den landsflyktige norrmannen Eirik jarl står på stranden och lurpassar på Olav Tryggvasons flotta. Större och större fartyg passerar förbi, men den norske jarlen håller tillbaka anfallet i väntan på kungaskeppet Ormen Långe, mot vilket en samlad attack sätts in. Olav Tryggvason ställer sig i akterlyftningen under ståtliga repliker; vid åsynen av Olof Skötkonungs folk yttrar han sålunda att det vore bättre för svearna att sitta hemma och slicka sina blotskålar. Den svenske och den danske monarken flyr också mycket riktigt, och slaget vid Svolder framställs på det hela taget som en inre norsk uppgörelse, men segerherren Eirik jarl delar avtalsenligt med sig av Norge till sina allierade. Själv tar han den nordanfjällska och västanfjällska delen och ger resten åt de båda konungarna, men Olof Skötkonung överlåter strax sina besittningar åt Eirik jarl såsom län.

Olav Haraldsson, son till en av de giljande småkonungar som den apokryfiska Sigrid Storråda lät innebränna, drog vid tolv års ålder på vikingafärd till Sverige, där han efter ett sjöslag vid ett ställe som hette Sotaskär begav sig in i Mälaren och härjade och brände på stränderna, men när det blev höst och han tänkte segla bort befanns det att Olof Skötkonung hade låtit spärra utloppet – Snorri kallar det för Stocksund – med järnkättingar och satt vakt där. Olav lät då gräva igenom Agnefit ut till havet, står det, och till sveakonungens grämelse tog han sig hastigt ut förbi befästningarna vid det blivande Stockholm och begav sig till Gotland, där han tog emot skatt för att inte härja. Efter många bravader i diverse länder återkom han hösten 1015 till Norge med en liten skara för att göra sig till herre där och hade turen att fånga en av Eirik jarls söner i ett smalt sund genom att lyfta upp och kantra hans skepp med hjälp av ett vindspel och en tross som var utlagd under vattnet.

Snorri Sturlusons berättelse om Olav Haraldsson, den längsta och väl också den roligaste av hans norska konungasagor, innehåller åtskilligt om norsksvenska relationer. Där står att till kungsgården i Trondheim kom en dag två sändebud från Olof Skötkonung i Uppsala; de hade skickats att driva in skatt i Norge, där bönderna nämligen var villiga att betala sådan på villkor att de slapp dubbelbeskattning från Olav Haraldssons sida. Denne meddelade förstås sändebuden att han inte erkände sveakonungens rätt att beskatta norrmännen, och då den ene av dem ändå försökte fullfölja sitt ärende lät Olav Haraldsson hänga honom och hela hans

Olav Haraldsson

följe. Själv begav han sig därpå till Ranrike, det sentida Bohuslän, som hörde till sveaväldet och regerades av två svenska fogdar som hette Eilif den götiske och Hroe den skelögde. En bonde med det vackra namnet Brynjolf kamel försäkrade emellertid konungen att bohuslänningarna räknade sig som norrmän. När Eilif den götiske kom inom räckhåll lät konungen lömskt hugga huvudet av honom, varpå han slog under sig norra delen av landskapet och spärrade all utförsel av sill till Västergötland, samtidigt som svearna med friskt mod slog ihjäl hans egna skatteindrivare uppe i Jämtland. Något år senare överföll han Hroe den skelögde, som var på väg hem till Hisingen efter att ha drivit in skatt på Orust; slaget stod i trakten av Öckerö, och Hroe den skelögde stupade. Den sommaren låg Olav Haraldsson sedan med en flotta i Göta älv och trädde i diplomatisk förbindelse med västgötajarlen Ragnvald och inte minst med dennes norskfödda hustru, som hette Ingeborg och var syster till Olav Tryggvason. Genom hennes förmedling kom det till fred och vänskap mellan jarlen och den norske konungen, vilket dock hade den effekten att Olof Skötkonung blev ännu argare på denne. Ingen, säger Snorri Sturluson, vågade i konungens närvaro nämna honom vid hans rätta namn, utan han omtalades alltid som Den tjocke mannen.

Krigstillståndet mellan länderna blev emellertid olidligt i längden. Björn stallare, som var ett slags minister hos kung Olav, tvangs av bönderna i Bohuslän att föreslå fredsunderhandlingar och skickades då av konungen till Ragnvald jarl för vidare befordran till Uppsala. Han blev väl mottagen i Västergötland och eskorterades i sinom tid upp till Svealand av jarlen själv, vilken att börja med sökte upp sin fosterfar Torgny lagman och begärde hjälp och bistånd i sina fredssträvanden.

Torgny lagman är icke fritt uppfunnen av Snorri Sturluson, ty i den isländska Landnámabók nämns faktiskt Þorgnýr lǫgmaðr af Svíaríki, men den store sagoberättarens framställning av denna figur är ett litterärt monument som har haft betydelse i långt senare tider såsom mönster och klangbotten för svenska och kanske även norska riksdagsmäns åsikter om rätta förhållandet mellan konung och folk. Han låter Torgny lagman följa det norska sändebudet och Ragnvald jarl till tinget i Uppsala, där Olof Skötkonung ställer sig helt avvisande och rentav kallar jarlen för landsförrädare. Efter en paus av djup tystnad reser sig Torgny lagman och med honom hela allmogen, och när rasslet av deras vapen hunnit dö bort följer en amper oration:

»Annorlunda är nu Svea konungars sinnelag än det förr haver varit. – Den konung som nu är låter ingen tala vid sig och vill intet annat höra än det allena som behagar honom. Sina skattländer låter han gå förlorade men fikar efter att behålla Norge under sig, vilket ingen sveakonung förut har eftersträvat och vilket vållar mången man oro. Nu vilja vi bönder att du gör fred med Norges konung och giver honom din dotter Ingegerd till äkta. Vill du åter vinna de riken i öster som dina fränder och förfäder hava ägt före dig, då vilja vi alla följa dig. Men vill du icke göra det som vi begära, då skola vi överfalla dig och dräpa dig, ty ingalunda månde vi tåla ofred och olag av dig. – Säg nu strax vilketdera du väljer!«

Efter den betan och ytterligare någon bearbetning av västgötalagmannen Emund från Skara var Olof Skötkonung mycket mjuk och medgörlig, försäkrar Snorri Sturluson och övergår till att berätta hurusom han rentav bekvämade sig till att spela tärning med sin norska kollega om ön Hisingen. Han slog sexor all men den norske konungen vann ändå, ty en av hans tärningar sprack så att den visade sju prickar. Han vann alltså Hisingen. »Vi hava icke hört omtalas flera händelser vid denna sammankomst«, tillägger den isländske sagoförtäljaren.

Fortsättningen av Olav Haraldssons saga handlar bland annat om hans nitälskan för kristendomen – han avrättade blotmän och tvångsdöpte odalbönder i rask följd. Han hade nu allt att frukta av Knud den store i Danmark, vilken var färdig med erövringen av England och beredde sig att ta hand även om Norge. I det läget ändrade sig den svenska utrikespolitiken radikalt, så att Olav Haraldsson och den nye svenske konungen Anund Jakob blev de bästa vänner, ehuru gränsfrågorna mellan deras länder inte tillnärmelsevis var lösta. Båda skickade alltjämt skatteuppbördsmän till Jämtland, vars befolkning dock för ögonblicket höll sig till sveakonungen och slog ihjäl några av kung Olavs utskickade. Snorri berättar i det sammanhanget en historia som i våra dagar har fått litterär betydelse åtminstone för jämtar, nämligen den om Arnljot Gelline. Ett par av de norska skatteindrivarna träffade en dag denne hedniske person i en fjällgård och imponerades mycket av hans ståtliga yttre, ty han var en mycket stor och välbeväpnad karl i scharlakanskläder med guldbårder. Han lät dem åka med på sina skidor, hjälpte dem tillrätta mot diverse trolltyg i fjällen och kom i sinom tid till Stiklastad i Norge för att hjälpa konungen i hans sista strid.

Olav Haraldsson fördrevs snart från Norge av Knud den store, tillbragte några veckor i Närke och fortsatte sedan sin flykt till Novgorod där hans svåger Jaroslav regerade. Där samlade han ihop en liten armé och begav sig tillbaka till Sverige, togs vänligt emot av Anund Jakob som gav honom all hjälp han kunde och marscherade sedan med några tusen man norrut genom ödemarkerna i Dalarna och Jämtland till Norge. Vid Stiklastad i Trøndelagen mötte han sitt öde under en batalj som ett storartat kapitel i hans saga handlar om.

Hans rykte för helighet tog fart omedelbart, och när de politiska konjunkturerna inom kort förändrades i Norge – Knud den store dog ung, och den danska stormakten gick obevekligt mot sin upplösning under hans söner – flyttades Olav Haraldssons lik till Klemenskyrkan i Trondheim, där varjehanda under och järtecken strax lät sig påvisas och lockade hjälpsökande människor dit från när och fjärran. Några få år efter sitt blodiga slut fick den orolige och fetlagde norske monarken på det sättet den mest sublima upprättelse och gick till historien såsom S:t Olav, Nordens ojämförligt mest populära helgon.

Ett hotande krig mellan norrmän och danskar avvärjdes år 1036 av förståndiga människor på vad som numera är svensk mark. De unga kungarna Hardeknud och Magnus, aderton respektive tolv år gamla, stod redan med var sin armé på var sin sida om riksgränsen i Göta älv mellan det danska Halland och det norska Bohuslän, som alltjämt hette

Slaget vid Stiklastad

Viken. Pojkarna sammanfördes på Brännö och förständigades att svära varandra evig vänskap, varjämte det avtalades att om någon av dem dog utan manlig avkomma skulle den andre broderligen ärva hans rike. Avtalet trädde faktiskt i kraft i nästa årtionde, ty då dog Hardeknud, och den norske kung Magnus mottog genast danskarnas hyllning på Viborgs ting. Av den gamla danska kungaätten återstod endast en ättling på kvinnolinjen, i Danmark kallad Svend Estridsøn efter sin förnäma mor men i Norge benämnd Svein Ulfsson efter sin far, som bara var jarl till yrket. Han hade vuxit upp hos Anund Jakob i Sverige och fann alltid en tillflykt där, när han gång efter annan gjorde misslyckade försök att göra sig till herre över Danmark.

Hem till Norge kom emellertid en vacker dag kung Magnus' farbror Harald, som hade varit överste för väringagardet i Konstantinopel och har gått till historien som Harald Hårdråde. Han krävde halva det norska riket, och då kung Magnus satte sig på tvären allierade han sig med Svend Estridsøn tills han fick sin vilja fram. Svend Estridsøn isolerades då och led nya nederlag, det värsta vid mynningen av Nissan utanför Hallands kust, där Harald Hårdråde angrep honom en augustikväll 1062 och personligen lyckades erövra och avröja hans skepp sedan Svend Estridsøn själv med knapp nöd hade lyckats klara sig i land. Fred slöts i alla fall till sist på norskdanska gränsen i Göta älv, då Harald Hårdråde nämligen hade fått större bragder i tankarna. Det ödesdigra året 1066 seglade han som bekant till England och stupade vid Stanfordbridge.

Hans son Olav Kyrre slapp levande hem till Norge och regerade fredligt där i ett halvsekel. Han dog på 1090-talet på kungsgården Håkeby i det bohuslänska Tanum.

Konung Magnus Barfot, så benämnd därför att han brukade gå klädd i kilt med nakna knän efter skotskt mönster, började sin politiska bana med att rusta till krig mot en kusin som tagits till konung i Trøndelagen medan han själv satt i Viken. Konflikten löste sig när kusinen inom kort dog sotdöden, och då drog Magnus Barfot i fält österut i stället. Han gjorde anspråk på allt land väster och söder om Vänern, och för att ge eftertryck åt dessa krav drog han in i Västergötland och byggde en borg på Kållandsö. Denna intogs dock snart av den svenske kung Inges folk, som beviljade garnisonen fritt avtåg sedan de hade lämnat ifrån sig sina vapen och fått ett käpprapp var. Året därpå kom Magnus Barfot dragande med en ny armé uppför Göta älv men blev slagen vid Foxerna nära Lilla Edet och slapp med knapp nöd hem med livet. Hans krigiska förehavanden i det följande ägde huvudsakligen rum på Orkneyöarna, Man och Irland, men hösten 1101 var han i alla fall hemma i Skandinavien, ty då möttes han och kung Inge i Konungahälla alias Kungälv under bemedling av den danske kung Erik Ejegod. Det överenskoms att gränserna skulle förbli oförändrade och att kung Magnus skulle gifta sig med kung Inges dotter Marga-

S:t Olav (Olav Haraldsson)

reta, som därav fick tillnamnet Fredkulla. Giftermålet kom till stånd, men brudgummen lämnade snart det jordiska såsom offer för ett bakhåll på Nordirland, och Margareta Fredkulla blev efter någon tid omgift med konung Niels i Danmark.

Konung Øystein Magnusson lyckades i 1100-talets första årtionde få jämtarna att ge sig under Norge och betala skatt dit. I kyrkligt avseende förblev Jämtland dock svenskt, och helt integrerat i Norge blev det aldrig. Det uppfattades som ett skatteland, aldrig som en riktig norsk provins.

Ärkebiskop Assar i Lund förmådde på 1120-talet konung Niels att ordna ett korståg till Småland där det alltjämt rådde hedendom, och konungen träffade avtal med sin norska kollega Sigurd Jorsalafar om en gemensam expedition. En dansk flotta låg i Öresund och väntade på norrmännen, men dessa dröjde, och till sist blev korsfararna otåliga och förmådde konung Niels att avlysa företaget. Sent omsider kom emellertid Sigurd Jorsalafar med trehundra skepp och många krigare, och då han fann Sundet tomt blev han arg och beslöt att straffa danskarna genom att härja lite i deras land. I trakten av Simrishamn plundrade han till den ändan kungsgården Tumathorpe. Han styrde därpå kosan mot Kalmar och satte i gång med att kristna smålänningar, varjämte han avfordrade dem 1 800 kreatur. Rimligen uttalade de sig nedsättande om denna andliga väckelse.

Svensk historieskrivning var sent ute; nästan allt vad eftervärlden vet om våra öden och äventyr före 1200-talets mitt härrör ur utsocknes källor. Utan kungasagorna från Norge skulle Sveriges medeltidshistoria under åtskilliga sekler vara nästan blank eller i varje fall nästan anonym. Objektiv sanning förmedlar sagorna naturligtvis inte. Men de är tänkvärd och beundransvärd lektyr, vilket alla norrmän förhoppningsvis vet men vilket inte är allmänt bekant i Sverige. Definitionsmässigt handlar de förstås om kungarnas åtgärder och leverne, vilket dock knappast var dessas privatsak. Sverige förekommer naturligtvis bara i sagornas periferi, men mycket av deras innehåll utspelas i norska landskap som nu är svenska. De norska kungarnas framfart på 1100-talet är för övrigt en rafflande historia av nästan byzantinsk gruvlighet.

Sigurd Jorsalafar hade en son som hette Magnus, men en vacker dag kom en irländare vid namn Gilchrist alias Harald Gille till Norge och sade sig vara son till Magnus Barfot och alltså halvbror till Sigurd Jorsalafar. Han hade sin mamma med sig och ville bevisa sin härkomst och sin arvsrätt genom gudsdom. Han gick barfota över glödande plogbillar utan att bränna sig, och Sigurd Jorsalafar erkände honom då som sin bror strax innan han själv gick ur tiden i Oslo. Magnus övertog hans kungliga roll utan protester, men någon dag senare lät Harald Gille i Tunsberg utropa sig till konung över halva riket. Han var en utåtvänd person som kunde ta folk och snabbt fick ihop flera anhängare än Magnus, som därför verkligen måste lämna ifrån sig halva Norge. Denna tingens ordning bestod i tre år, men våren 1134 kom Magnus västerifrån till Bohuslän med en stor här och segrade stort över Harald Gille vid en plats som hette Fyrileiv. Harald Gille flydde till Danmark där Erik Emune regerade, och denne tog väl emot honom och satte honom till styresman över Halland. Magnus hemförlovade oförsiktigt nog sin segerrika här och begav sig västerut, och Harald Gille såg sig då i stånd att snart gå över Göta älv igen. Utan att möta nämnvärt motstånd kom han mitt i vintern till Bergen, där Magnus hade barrikaderat sig efter bästa förmåga genom att lägga ut fotanglar över ett område innerst vid Vågen och avspärra detta vatten med en järnkätting. Han fastnade i sin egen fälla, ty hans egna män trampade in sig i fotanglarna och hans eget skepp kom inte ut när han försökte fly. Han togs alltså till fånga av Harald Gille, som lät blända och gälla honom, högg av honom ena foten och skickade resterna av den tjugoårige mannen i kloster. Biskop Reiald av Stavanger som vägrade att tala om var Magnus hade gömt sina skatter blev hängd.

Nu uppdök i Bergen en figur som hette Sigurd och påstod sig vara son till Magnus Barfot med en kvinna från

Trøndelagen. Han skulle alltså vara nära släkt till de båda andra huvudpersonerna och krävde del i farsarvet och riksstyrelsen. Harald Gille tog naturligtvis avstånd och gjorde också ett försök att bringa pretendenten om livet, men i stället blev han själv mördad i sömnen när han utan bevakning tillbragte en natt hos en frilla.

Sigurd, som har gått till historien med tillnamnet Slembe, tog på sig ansvaret för mordet och gjorde samtidigt anspråk på konungadömet, men tingsmenigheternas invändning var förkrossande: antingen är du son till Magnus Barfot, och då är du en niding som har dödat din bror i sömnen, eller också är du det inte, och då har du ingen rätt till kronan. Sigurd Slembe nödgades dra sig undan norrut men hämtade i förbifarten ut den lemlästade Magnus Blinde ur hans kloster. I dennes namn lyckades han få ihop en rätt ansenlig här men blev slagen i Bohuslän av Harald Gilles söner, som hette Sigurd och Inge. Magnus Blinde forslades som flykting till Danmark men hämtades efter ett par år därifrån av Sigurd Slembe. I november 1139 möttes emellertid dessa två av Harald Gilles söner i ett sjöslag vid Holmengrå utanför det nutida Strömstad. Magnus Blinde dödades i slaget, Sigurd Slembe togs till fånga och torterades på gräsligt sätt ihjäl på holmen.

Den invecklade historien om 1130-talets många norska kungar speglar inte nödvändigtvis några ekonomiska eller politiska konflikter mellan större folkgrupper. Den har helt enkelt att göra med bristen på tronföljdsordning i Norge. Landet var snarast en förbundsstat, vars enda samlande symbol var konungen. Värdigheten ansågs tydligen ärftlig inom Harald Hårfagres ätt, men det var inte så noga med ätteläggarnas möderne eller inbördes ålder, och därför kunde det finnas olika kandidater hos olika tingsmenigheter.

Om svenska potentater vid ifrågavarande tid finns nästan ingenting att berätta. Strid pågick ideligen mellan två kung-

Nidarosdomen

liga ätter som kallas den sverkerska och den erikska. Det mesta är dunkelt och även poänglöst; det finns helt enkelt inga källor av nämnvärt intresse till denna tids svenska rikshistoria.

En engelsk augustinmunk vid namn Nicholas Brekespear kom såsom romersk kardinal till Skandinavien sommaren 1152. Våren därpå höll han kyrkomöte i Trondheim, där domkyrkan var under byggnad, och lät Norge få sig en egen ärkebiskop som rådde över inte mindre än tio stift, däribland Färöarna, Skálholt och Hólar på Island, Gardar på Grönland, Orkneyöarna, Hebriderna och ön Man. Han reste sedan vidare till Sverige och höll kyrkomöte i Linköping, där den vildvuxna svenska kyrkan inlemmades i den katolska kristenheten såtillvida att den fick lova att betala peterspenningen. Det fastslogs vidare att svear och göter borde upphöra med att gå beväpnade i vardagslag. Någon svensk ärkebiskop tillsattes dock inte, ty Uppsala och Linköping tvistade om var han i så fall skulle residera, och under sådana förhållanden ansågs det bäst att Sverige fick fortsätta att lyda under den danske ärkebiskopen i Lund. Ett årtionde senare fick Uppsala dock övertaget. En cisterciensmunk från Alvastra vid namn Stefan vigdes 1164 till ärkebiskop där.

De norska kungabröderna Inge Krokrygg, Sigurd Munn och Øystein Haraldsson kunde inte hålla sams. De två sistnämnda tänkte störta den förstnämnde, men denne lyckades i stället ta livet av Sigurd Munn, och två år senare drevs Øystein på flykten och blev nedhuggen i en skog i Bohuslän. Sigurd Munn som var en stor fruntimmerskarl efterlämnade emellertid en son med en bondflicka i denna provins. Han hette Håkon med tillnamnet Herdebrei, Axelbred, och efter en tids asyl i Västergötland lyckades han bli dömd till konung av tinget i Trøndelagen och drog sedan i fält mot sin farbror Inge Krokrygg. Han led nederlag i ett slag på Hisingen, men i januari 1161 stupade på samma plats kung Inges bäste general Gregorius Dagsson, vilken gick ner sig genom isen och fick en pil genom strupen medan han var i färd med att kravla sig upp. Strax därefter stupade Inge Krokrygg själv i ett slag vid Oslo, och Håkon Herdebrei var ensam herre i landet för en liten tid. Uppe i Bergen satt emellertid en storman som kallades Erling Skakke. Han var gift med en dotter till Sigurd Jorsalafar, och deras lille son Magnus hyllades som konung och omgavs strax av Inge Krokryggs forna anhängare. Håkon Herdebrei stupade sedan han i ett sjöslags tumult hade förvillat sig över till ett fientligt skepp, och Erling Skakke lyckades få sin son krönt efter alla konstens regler av den beslutsamme ärkebiskop Øystein Erlendsson. Själv var han en framstående krigare och en rätt klok förmyndarregent, som lyckades oskadliggöra några upproriska tronpretendenter och komma till rätta även med

Valdemar den store i Danmark, vilken gjorde ett par räder till Norge och tilltvingade sig överhöghet över Viken i den formen att han satte Erling Skakke till jarl där.

År 1176 uppdök emellertid i Norge en fåröing vid namn Sverre, vilken lyckades göra sig till ledare för en professionell krigarskara som hade följt en av de nyss stupade tronpretendenterna. De kallas birkebeinar, björkeben, ty de lär ha haft för vana att linda sina ben med björknäver. Närmast var de nog ett rövarband, men Sverre som hade politisk fantasi tog kontakt med den svenske jarlen Birger Brosa och Folkvid lagman i Värmland och fick tydligtvis svensk hjälp för högre syften. I ett slag vid en plats som hette Kalvskinnet fällde han Erling Skakke och en rad andra framstående personer, och 1184 stupade även den unge kung Magnus Erlingsson i strid mot Sverre, som dock aldrig lyckades göra sig till obestridd herre i landet. Mot sig hade han diverse grupper med pittoreska namn och framför allt ett aristokratiskt parti som kallas bagler, ledda av kyrkans män med ärkebiskopen i spetsen. De bannlyste honom naturligtvis.

Som administratör i Norge var Sverre banbrytande, och hans politiska gärning hade stor betydelse även i Sverige, där den sverkerska och den erikska ätten slogs som värst i hans dagar. På slutet var han gift med en syster till den svenske kung Knut Eriksson. När han dog år 1202 ville hon resa hem till Sverige, och det fick hon naturligtvis gärna, men hennes styvson kung Håkon ville inte låta henne ta med sig sin dotter Kristin, som var Sverres enda äktfödda barn och alltså en politiskt användbar flicka. Änkedrottningen blev mycket purken över detta.

På nyårsdagen 1204 dog så kung Håkon Sverresson under omständigheter som tydde på förgiftning, och en av änkedrottningens tjänare blev misstänkt för mord. Han nekade och dömdes då att fria sig genom järnbörd. Hans hand blev svårt bränd av det glödande järnet, varför han ansågs skyldig och blev dränkt i Vågen i Bergen. Nu råkade änkedrottningen ha en systerdotter som också hette Kristin och som sammanbodde med birkebeinargardets överste, vilken var son till lagman Folkvid i Värmland och har gått till historien som Håkan Galen. Denne svenskfödde officer hjälpte änkedrottningen att fly över Valdres hela vägen från Bergen till Sverige samtidigt som han själv utnämndes till jarl och Norges verklige styresman. En fyraårig sonson till Sverre vid namn Guttorm utropades formellt till konung men dog efter några veckor, och Håkan Galens Kristin var starkt misstänkt för att ha haft med detta att göra.

Ingen vet riktigt hur det hänger ihop med allt det här. Tydligt är i varje fall att det rådde spänning mellan norska och svenska medlemmar av Sverres efterlämnade familj, sannolikt också mellan olika grupper i hans krigsmakt, där det svenska inslaget var anmärkningsvärt stort. Av baglernas främsta män hörde för övrigt påfallande många hemma i Bohuslän, där en viss Torstein Tjov hade sin varelse på Sotenäset och en kunglig fogde vid namn Jon Drotning residerade vid Göta älv. En klok biskop vid namn Nicolas lyckades åstadkomma fred för tillfället genom att föreslå en tredelning av Norge där Håkan Galen, birkebeinarnas ledare Inge Bårdsson och en bagler som hette Filippus Simonsson skulle råda över var sin bit, och Sverres dotter Kristin skulle giftas bort med den sistnämnde. Hon stretade emot, säger sagan: »Ikke vil jeg ha en mann som er mindre gjæv enn far min var.« Biskop Nicolas lyckades klara även detta hinder genom att säga att hon vore det enda som kunde få Filippus att avstå från kungatiteln, och hennes alternativ vore för övrigt att bli bortgift i främmande land eller få nöja sig med en bondson hemma i Norge. Hon fann resonemanget övertygande, helst som hon redan var tjugosju år gammal. Filippus utsattes i det följande för diverse förolämpande drygheter men var klok nog att överse med sådant; han fick ju ändå prinsessan och tredjedelen av kungariket, nämligen östlandet inklusive Bohuslän. Ehuru formellt underställd Inge Bårdsson regerade han med full kunglig myndighet där livet ut.

Inge Bårdsson gick ur tiden år 1207 och efterträddes då av Håkon Sverressons son Håkon, som i historieböcker brukar få heta Håkon den gamle Håkonsson till skillnad från en son med samma namn. Han var en beslutsam politiker, i vars dagar Norge blev ett odelbart arvrike med företräde för äktfödda kungasöner efter ålder. Island och även Grönland underkastade sig norska kronan under hans sista år, men tidigare var hans regering mycket orolig med en rad uppror, av vilka det sista och farligaste leddes av jarlen Skule Bårdsson. Denne dräptes 1240 under dramatiska omständigheter, som dock ligger utanför ämnet för denna bok. Här bör däremot noteras att i de sydliga gränstrakterna mellan Norge och Sverige organiserades på 1220-talet ett rövarband som kallades för ribbungarna; dit hörde en syndig präst som kallades Bene Skinnkniv men även en son till Håkan Galen vid namn Knut. Vintern 1225 gjorde kung Håkon Håkonsson en straffexpedition till Värmland, där hans här åkte släde mellan gårdarna och terroriserade folk som kunde tänkas ge ribbungarna hjälp och tillflykt. Efter den betan tillfångatog värmlänningarna självmant bandets siste hövding, Magnus Bladstakk, och hängde honom i ett träd. De tidigare ledarna av bandet behandlades däremot mycket vänligt av kung Håkon. Knut blev rentav gift med en flicka som var syster till själva drottningen.

År 1225 skickade kung Håkon Håkonsson en präst som hette Gaute att hämta hem kronoskatten från Vätte härad i Bohuslän. Prästen kom hem med skatten klövjad på 360 hästar.

Pålagan ifråga kallades leidang, ledung, och gick till hirdens underhåll. I princip skulle den avlösa böndernas värnplikt, men i praktiken gjorde den inte det, ty de norska medeltidskungarna fortfor att kräva militära prestationer av allmogen vid sidan av skatten.

I juni 1247 kom kardinal Vilhelm av Sabina till Bergen för att kröna kung Håkon, vilken i några år hade förhandlat med påven Innocentius IV om de svåra hinder som förelåg: hans oäkta börd och hans härstamning från den bannlyste kung Sverre. Allt detta var nu undanröjt. Kardinalen möttes ute på fjorden av kungaskeppet Draken med tjugofem par åror och förgylld stäv; kungen med hela sin hird var ombord och klev tillsammans med sina högsta dignitärer över till kardinalens snäcka. Det regnade på kröningsdagen i Bergen, men ett tak av rött och grönt kläde hela vägen mellan kungsgården och domkyrkan skyddade processionen från att bli våt. Om ceremoniens detaljer är eftervärlden väl underrättad; de skilde sig inte mycket från vad som fortfarande brukar förekomma i liknande sammanhang. Kardinalen höll förstås tal; han upplyste att i utlandet hade han hört att det skulle vara dåligt med mat och dryck i Norge och att folket där mera liknade djur än människor, men nu hade han funnit att förhållandena var bättre än så.

Från Norge drog Vilhelm av Sabina vidare till Sverige i Erik läspe och haltes dagar. Han höll kyrkomöte i Skänninge och införde celibat för prästerna i de svenska stiften av den allmänneliga kyrkan. Dess tjänare tillhölls att leva ogifta vid risk av bannlysning och salighetens förlust men fick ett nådeår på sig att skilja sig från sina hustrur om de hade sådana. Präster och prästfruar som hade fyllt femtio år kunde dock även framgent få bo tillsammans om de förpliktade sig att inte sova i samma rum. Detta och åtskilligt annat är känt genom ett officiellt brev av Vilhelm av Sabina beträf-

Kardinal Vilhelm av Sabina

fande kyrkomötet i Skänninge. »Sverige«, säger kardinalen, »fann vi i såväl världsligt som andligt hänseende nära nog förunderligen och jämmerligen i oordning – *temporaliter et spiritualiter fere totum mirabiliter et miserabiliter conturbatum*«.

Vid Göta älv möttes 1254 konungarna Håkon av Norge och Christoffer av Danmark under bemedling av den svenske Birger jarl. De var osams, och mötet avsåg att bringa förlikning, men det slutade med att danske kungen red sin väg söderut och rev alla åbroar efter sig. Året därpå kom kung Håkon och hans son med samma namn till Hallands kust där de härjade och brände i den mån de inte fick ut brandskatt. Norske ärkebiskopen i maskopi med Birger jarl lyckades mäkla fred några år senare.

Håkon den yngre som var gift med Birger jarls dotter Rikissa hälsade på sin svenske svärfar på Lena gård i Västergötland under påsken 1257. Innan han anlände tillsade Birger jarl strängeligen allt sitt husfolk att de inte fick göra spe av norrmännen genom att kalla dem för baggar.

En norsksvensk kommission fastställde år 1278 gränsen mellan de båda länderna. Den drogs från mynningen av Göta älv norrut till Ångermanland.

I Danmark mördades 1286 kung Erik Klipping, och en undersökningskommission fann nio danska stormän medskyldiga. De förklarades fredlösa och fick då en fristad i Norge, vars kungahus nämligen stod på spänd fot med det danska därför att änkedrottning Ingeborg, som sjutton år gammal hade låtit sig enleveras av norska män för att bli gift med kung Magnus Håkonsson, ännu inte hade fått ut ett farsarv. De fredlösa danskarna härjade ihärdigt sitt lands kuster, och deras bravader berörde inte minst Halland och andra sydliga landskap som nu är svenska. De fredlösa dog dock undan efter hand, och härjningarna upphörde.

Kung Magnus Håkonsson kallas i historien för Lagabøte; han intresserade sig alltså för juridiken. Hans son Eirik Prestehater var en stackars invalid som fått bära hundhuvudet för sina förmyndares antikyrkliga politik, och dennes bror och efterträdare Håkon kallas Håkon Hålegg, vilket visst har med hans spinkiga vader att göra. Han var en aktningsvärd regent, men han hade svåra bekymmer med tronföljden, ty dottern Ingeborg var hans enda barn. År 1302 då hon var två eller tre år förlovade han henne med hertig Erik av den svenska Folkungaätten och fick till stånd en nära allians med denne mot hans bror kung Birger och dennes danske dubbelsvåger Erik Menved. Till hertigen överlät han Ragnhildsholmen med provinserna Ranrike och Elvesysla och hjälpte honom även att komma i besittning av Varbergs slott med norra Halland, som hade lösryckts från Danmark av de fredlösa danskarna i förra årtiondet. Med dessa domäner förenade hertig Erik nu de angränsande delarna av Sverige och skapade på så sätt en ny, mycket betydande stat i skärningspunkten mellan de nordiska länderna. 1306 anordnade han och hans bror Valdemar vidare den så kallade Håtunaleken, i det att de överrumplade och tillfångatog kung Birger och hans drottning, och hans maktställning var därmed sådan att kung Håkon började dra öronen åt sig. Han återkrävde sina förläningar och satte makt bakom sina krav genom att låta anlägga en stark borg vid namn Bagahus alias Bohus på en bergig holme i Ragnhildsholmens närhet. Han slog vidare upp sin lilla dotters förlovning och förlovade henne i stället med den nioårige kungasonen Magnus Birgersson.

Ett stort fredsmöte kom till stånd 1310, där Sverige delades mellan kung Birger och hans hertigliga bröder i tre suveräna stater, och hertig Erik fick lämna ifrån sig Ragnhildsholmen med underlydande områden. Däremot fick han behålla norra Halland, men nu som ärftlig förläning av den danske kungen och inte av den norske.

Hösten 1311 ändrade kung Håkon emellertid åsikt ifråga om sin dotters framtid än en gång, bröt hennes förlovning med Magnus Birgersson och förlovade henne på nytt med dennes farbror hertig Erik. Samtidigt lovade han bort sin brorsdotter som också hette Ingeborg till hertigens bror Valdemar. Dubbelbröllop firades i september 1312 i Oslo, och kung Håkons bekymmer för tronföljden lättade något år 1316, när hans dotter som då var femton åt gammal gav livet åt ett gossebarn som fick heta Magnus Eriksson.

I julmånaden 1317 inträffade så den händelse som i Sveriges historia kallas för Nyköpings gästabud. Hertigarna Erik och Valdemar, inbjudna att fira jul hos sina kungliga släktingar, häktades och lämnades att dö av svält i tornet på Nyköpingshus. Kung Birger hade emellertid missbedömt det politiska läget och stämningen i landet, ty hertigarnas vänner och anhängare grep omedelbart till vapen och drev honom i landsflykt till Danmark. Hans son Magnus gav sig fången och avrättades.

I maj 1319 dog kung Håkon Hålegg, och därmed var det slut på Sverres ätt på den manliga sidan. Vid midsommartiden det året samlades ett antal framstående norrmän på biskopsgården i Oslo, bland dem den unge högättade storgodsägaren Erling Vidkunsson, vilken i det följande kom att sitta som riksföreståndare i Norge. Med vid mötet var också den treårige tronföljarens adertonåriga mor samt en svensk delegation som leddes av biskop Karl i Linköping, men den lille Magnus Eriksson själv befann sig i valriket Sverige, ty han var också den siste folkungen och var designerad till konung även där. Efter tre dagars förhandlingar blev norrmän och svenskar överens om den beramade personalunionen men beslöt också att samröret mellan de båda länderna skulle begränsas till minsta möjliga. Riksråden skulle styra och ställa på var sitt håll, och konungen skulle vistas lika långa tider i vartdera landet.

Kort efter detta möte hyllades den treårige Magnus Eriksson på Mora sten i Uppland såsom sveamas och götarnas konung, och i augusti samma år fraktades han till Norge och mottog kunglig hyllning på tingsplatsen vid Tunsberg, som av ålder var rätta stället för sådant.

År 1323 härjade ryssarna i Nordnorge, vilket var en följd av den skandinaviska personalunionen. Svenska regeringen slogs nämligen med storfurstendömet Novgorod om tassemarkerna i Karelen, och ingen visste riktigt var gränserna gick norröver. Fred slöts samma år i den ryska gränsfästningen Nöteborg men bragte ingen bestående klarhet på denna punkt.

Änkehertiginnan Ingeborg, den unge unionskonungens mor, trivdes bäst på Varberg, där hon var omgiven av ett hov av unga adelsmän. En av dem hette Knud Porse, son till en av de högättade danskar som dömdes fredlösa efter mordet på Erik Klipping. Hon var alltjämt i tjugoårsåldern, och ingenting var naturligare än att hon tog sig en älskare. Det blev Knud Porse, vars inflytande på de nordiska ländernas politiska öden därigenom blev ansenligt.

Sommaren 1321 slöt änkehertiginnan ett avtal med hertig Henrik av Mecklenburg om förlovning mellan dennes son Albrekt och hennes egen lilla dotter Eufemia, kung Magnus Erikssons syster. En rad norska och svenska riksråd garanterade avtalet, som innebar försvarsförbund mellan Norge, Sverige och Mecklenburg gentemot Danmark. I ett tilläggsavtal som riksråden aldrig fick se lovade mecklenburgarna att skicka tvåhundra fullt väpnade ryttare till Varberg för ett angrepp på Skåne under Knud Porses befäl.

Allt detta gick stick i stäv mot vad som hade avtalats

1319 om att unionsländerna skulle styras var för sig, och i både Sverige och Norge blev reaktionen stark. Innan Knud Porses fälttåg hann börja möttes de svenska rådsherrarna i Skara, beslöt att skilja änkehertiginnan Ingeborg från förmyndarregeringen och slöt uttryckligen fred med kung Christoffer i Danmark. Ett halvår senare samlades Norges politiska och juridiska expertis i Oslo och gjorde en liknande kupp. I ett öppet brev som sigillerades av många andliga och världsliga aristokrater och även av Oslo stad fördömdes änkehertiginnans och Knud Porses ekonomiska misshushållning och krigiska äventyrligheter, och mötet beslöt också att utse en regent att styra landet under hennes sons minderårighet. Valet föll på Erling Vidkunsson.

Förbittrad över sitt politiska nederlag i de båda unionsländerna slöt sig Knud Porse till kung Christoffer i Danmark, som var i behov av allt stöd han kunde få. Av denne utnämndes han till hertig av Halland och hugnades även med diverse besittningar i Skåne och på Sjælland. Han var därmed vorden så förnäm att han kunde gifta sig med kung Magnus Erikssons mamma, vilket för hennes del betydde att all hennes egendom i Norge togs i beslag. Efter ytterligare en del framgångar förgiftades emellertid Knud Porse 1330 och lämnade raskt det jordiska. Norska regeringen beklagade inte sorgen men lät hertiginnan få tillbaka sina privata gods.

Tyskar från Hansestäderna dominerade på 1300-talet den skandinaviska utrikeshandeln, även den viktiga del som gick på England från Norge. Orsaken var nog att hanseaterna kunde skaffa de makthavande vad de ansåg sig behöva lättare och billigare än Nordens egna köpmän, vilka saknade både kapital och förbindelser.

En stormannadelegation med den lundensiske ärkebiskopen i spetsen uppvaktade 1332 den sextonårige Magnus Eriksson, som alldeles nyss hade blivit myndig konung över både Norge och Sverige då. De fann honom i Kalmar och erbjöd honom att bli konung också över Skåne, dock så att landskapet fick behålla sin gamla lag och särart. Danmark var vid tillfället ett splittrat och svårt skuldsatt land, vars provinser till större delen var pantsatta till ett par holsteinska grevar. Greve Johann av Holstein som hade fått dess östra hälft i pant nödgades gå med på det skånska arrangemanget men krävde naturligtvis att få tillbaka sina utlånade pengar, och genom att pantsätta en del kronogods och skriva ut nya skatter i Sverige och Norge lyckades Magnus Eriksson få ihop de 34 000 mark silver som utgjorde det taxerade värdet av Skåne och Blekinge jämte södra Halland.

Ett par år efter detta förvärv red Magnus Eriksson sin eriksgata genom de gamla svenska landskapen kring Mälaren och Vättern, och i januari 1335 befann han sig i Skara där han utfärdade ett brev om träldomens upphävande i Västergötland och Värend. Senare under året var han i Norge och firade bröllop på Tunsberghus med den franska grevedottern Blanche av Namur, känd för sena tiders barn som ett rimord i visan Rida ranka. Året därpå förmäldes hans syster avtalsenligt med hertig Albrekt av Mecklenburg; båda de unga paren välsignades inom kort med avkomlingar.

Magnus Eriksson började alltså sin dubbelregering på det lyckligaste vis. Det rike han hade tillträtt var till arealen det ojämförligt största i Europa. Det sträckte sig från Ishavet till Bornholm och från Systerbäck till Orkneyöarna och Island.

Ett par uppror mot Magnus Eriksson utbröt på 1330-talet i Norge, där Erling Vidkunsson tycks ha stått i spetsen för det första; det inträffade redan 1332. År 1337 stod kungens kusin Sigurd Havtoresson i förgrunden och satte sig i besittning av Akershus. Konflikterna tycks ha slutat med förlikning, men vad de egentligen gällde vet inte eftervärlden.

Vid ett möte på Varbergs slott år 1341 meddelade Magnus Eriksson att han ville göra sin yngre son Håkon till konung över Norge så snart denne hade hunnit bli myndig. De norska rådsherrarna lät förstå att detta var just vad de hade tänkt be honom göra. På hösten samma år uttalade sig Magnus Eriksson på liknande sätt inför en samling svenska stormän, vilka lovade att ta hans son Erik till konung av Sverige när han själv var borta.

Mot det svenska arrangemanget fanns ingenting att invända, ty Sverige var ett valrike, men beslutet i Varberg stod i strid med norsk lag eftersom Norge var ett arvrike och den äldste av kungens söner – i detta fall Erik – enligt reglerna borde vara rätt tronarvinge där. Kungen och rådsherrarna hade alltså faktiskt satt tronföljdsordningen ur spel i Norge för att göra slut på unionen, som väl aldrig hade varit avsedd att förbli evig.

Ärkebiskoparna av Trondheim och Uppsala utbytte tankar på 1340-talet. Den förstnämnde klagade över att svenska präster hindrade folk att betala den urgamla Olavsskatten till kyrkan i Nidaros, vartill ärkebiskop Hemming i Uppsala svarade att det gjorde de inte alls, men den som nödvändigtvis ville hedra ett helgon behövde väl inte nödvändigtvis ge sin skärv till vederbörandes gravkyrka. Vår hulda moder kyrkan upphöjer på alla rum de helgon som vistas i himlarnas riken, meddelade han.

Digerdöden, berättar de isländska annalerna, kom till Norge på eftersommaren 1349 med en engelsk kogg som seglade in på Vågen i Bergen och började lossa sin last. Under arbetet dog besättningen man efter man, och omsider sjönk båten med lasten och liken därinne. Pesten spred sig till

andra skepp i hamnen och nådde snabbt själva staden, där den härjade med våldsam kraft. En dag fördes åttio lik till en av kyrkorna, däribland tjugo präster. Från Bergen nådde pesten under loppet av några månader nästan alla delar av Norge. I september kom den till Nidaros, där ärkebiskopen och alla kanikerna utom en dukade under. Den sistnämnde hette Lodin, och han var ensam om att välja ny ärkebiskop, vilken i sin tur gav dispens för prästvigning åt nära nog vem som helst, ty nästan alla andans män i stiftet var döda. Farsoten spred sig därpå till norska Sørlandet, där sju kyrksocknar raskt tömdes på folk.

Den isländska berättelsen är väl inte i allo att lita på, men digerdödens härjningar i Norge är ingen saga. I slutet av 1349 kom sjukdomen till Danmark och till Sverige, där den krävde sina flesta offer sommaren därpå. Eftervärlden vet att den var en infektionssjukdom som spreds med löss till människor från råttor, vilket säger något om tidens hygieniska förhållanden. Hur stor dödligheten kan ha varit är ovisst, ty den varierade säkert från trakt till trakt, och beräkningar på grundval av jordeböcker och liknande material skiljer sig våldsamt åt. Säkert är nog att Norge drabbades särskilt hårt även om islänningarnas uppgifter är överdrivna. Enligt dem bortrycktes två tredjedelar av Norges befolkning, och stora delar av landet lades öde.

Nu är det ett faktum att befolkningen minskade drastiskt i hela Skandinavien alltifrån 1300-talets mitt, men detta är en utveckling som tycks ha börjat redan före 1349. Antalet ödegårdar blev efterhand stort, sädesodlingen gick ned, jordpriserna sjönk och all produktion minskade. Det är möjligt att väderleksförhållandena har spelat in, ty klimatet i Norden var obestridligen bättre under vikingatiden än vid tiden för digerdöden. Att denna var en av orsakerna till nedgången är väl ändå säkert.

Åtminstone för Norges del är den stora pestepidemien en viktig milstolpe i tiden. Aristokratien där hade alltid varit fåtalig; nu glesnade den ytterligare.

Håkon Magnusson blev myndig 1355 och övertog då planenligt regeringen i Norge, som Magnus Eriksson alltså lämnade ifrån sig redan i livstiden. Hans äldre bror Erik, som naturligtvis också var myndig, nådde inte alls motsvarande ställning i Sverige eftersom fadern satt kvar som konung där. Erik var begripligt nog missnöjd, helst som han dessutom ansåg sig ha lagliga krav på arvriket Norge. I oktober 1355 höjde han upprorsfanan och vann stor tillslutning från adelns sida; Magnus Erikssons gunstling Bengt Algotsson måste fly ur landet, hans fasta slott Varberg belägrades och föll snart. Förlikning ingicks våren 1357 i Jönköping, varvid Erik utrustades med kungatitel och fick överta Skåne, Blekinge, Halland, det mesta av Småland, Östergötland och Finland, och samma höst tilltvingade han sig dessutom hela Norrland och hela Svealand utom Närke, där Magnus Eriksson fick fortsätta att vara konung.

I den situationen allierade sig den sistnämnde med kung Valdemar Atterdag i Danmark, vilken fick löfte om Helsingborg som vederlag för militär hjälp. Förbundet tillkom i en ödesdiger stund, ty kort därefter dog plötsligt den unge kung Erik och hela hans familj i en pestepidemi som kallades barnadöden, och Magnus Eriksson fick på så sätt hela Sverige i sin hand än en gång. Då svalnade raskt vänskapen mellan honom och Valdemar Atterdag, fastän de nyligen hade ordnat med förlovning mellan den adertonårige Håkon och den sexåriga Margrete Valdemarsdotter.

Valdemar Atterdag fick Helsingborg på hösten 1360 och tog i fortsättningen raskt hand om hela Skåne. I juli 1361 seglade han till Gotland och slog under sig denna ö efter en drabbning som är bättre känd för eftervärlden än någon annan medeltida batalj i Norden, ty 1 800 stupade gotlänningar vräktes ner i sex massgravar på valplatsen utanför Visby och har kunnat undersökas i detalj ett halvt årtusende senare. Han brandskattade även Visby, såsom alla vet, och då fann svenskar och hanseater naturligtvis varandra, men det krig som därmed utbröt gick bäst för Valdemar Atterdag. Då försvagades Magnus Erikssons ställning i Sverige till den grad att han halvt om halvt blev avsatt och ersatt med sin son Håkon, som hyllades på Mora sten i februari 1363.

Därmed var den norsksvenska personalunionen alltså plötsligt i kraft igen, även om den verkliga makten åtminstone i Sverige låg i riksrådets händer. Kung Håkon gjorde strax ett försök att ta tillbaka de förlorade sydprovinserna från Valdemar Atterdag, men detta lyckades inte. Han bytte då plötsligt sida och slöt tillsammans med sin far förbund med den danske konungen gentemot rådsherrarna. Turerna i detta politiska skeende är häpnadsväckande snabba och ogenerade, och som alltid i uppgörelser mellan furstehus spelade de äktenskapliga övervägandena in. Sommaren 1362 hade det faktiskt firats vigsel på slottet Plön i Holstein mellan kung Håkon och en furstinna som hette Elisabeth, men brudgummen var inte själv tillstädes utan representerades av en tysk riddare som i julmånaden samma år reste med bruden mot Sverige. Skeppet blev emellertid vinddrivet till Bornholm och flickan blev omhändertagen av ärkebiskop Nils i Lund, som lät förstå att hennes äktenskap var ogiltigt, ty dels var kung Håkon förlovad med Margrete av Danmark, dels var kontrahenterna sysslingar och fick inte gifta sig med varandra jämlikt kyrkans lag om äktenskap i förbjudna led. Efter några månader i lindrig fångenskap förpassades hon hem till Holstein och gick i kloster. Den 9 april 1363 stod i stället kung Håkons bröllop med Margrete, som då var tio år gammal.

Samma år den 11 juni dog Valdemar Atterdags ende son utanför Helsingborg, där kriget mot hanseaterna alltjämt pågick. Därmed var den nygifta lilla Margrete sin fars arvtagare, och nya politiska utsikter öppnade sig i Norden.

De territoriella förhållandena var komplicerade även i Norge under Magnus Erikssons dagar. Området öster om Oslofjorden var drottning Blankas morgongåva och sträckte sig en god bit österut över riksgränsen. Vestfold och Bohuslän, det nordnorska Hålogaland samt Island och ögrupperna ute i Atlanten lydde direkt under Magnus Eriksson även sedan Håkon hade fått överta Norge. Drottning Blanka satt på Tunsberghus och styrde därifrån sin mans norska riksdel förutom sin egen när han själv var upptagen av bekymmer i det egentliga Sverige. Hon dog 1363 på detta norska slott, av bouppteckningen att döma i stor fattigdom.

Strax efter påsk 1363, ungefär en vecka före kung Håkons bröllop med Margrete, kom sju högadliga svenska herrar till Tyskland och erbjöd Sveriges krona till hans kusin Albrekt av Mecklenburg, son till Magnus Erikssons syster Eufemia. Hertigen tackade ivrigt ja och seglade samma höst med en hanseatisk flotta norrut, satte sig utan svårighet i besittning av Kalmar, togs villigt emot av det halvtyska Stockholm och hyllades såsom Sveriges konung på Mora sten i februari 1364. Magnus Eriksson och Håkon samlade under tiden en här men blev slagna i grund av kung Albrekts tyska legotrupper vid Gata inte långt från Enköping. Håkon blev sårad men lyckades fly hem till Norge, Magnus togs däremot till fånga och sattes i hårt fängelse i kärntornet på Stockholms slott. Där satt han i sex år.

Värmland, Dalsland och en stor del av Västergötland erkände aldrig Albrekt av Mecklenburg. Svenska riksråd från detta område deltog ofta i möten med norska riksrådet och kung Håkon.

Sommaren 1371 marscherade kung Håkon Magnusson in i Sverige än en gång. Tillfället var väl valt, ty det hade just utbrutit uppror mot kung Albrekt, som hade stora skulder till sina tyska hjälpare och hade måst panta bort en del slott och län till dem. Därmed hade han emellertid träffat den svenska rådsaristokratien på en öm punkt, och även bönderna ansåg sig ha skäl till missnöje. Kung Håkon mötte därför inte stort motstånd och nådde Stockholmstrakten i augusti.

Då såg sig kung Albrekt nödsakad att vika sig för de svenska stormännen, som avpressade honom en konungaförsäkran som lade nästan all makt i rådets händer, och därmed var kung Håkons situation inte lika ljus längre. Förhandlingar kom till stånd, och vad de ledde till vet inte eftervärlden i alla detaljer, men ett av resultaten var att Magnus Eriksson släpptes ut ur sitt fängelse mot 12 000 mark i lösen. Han följde av allt att döma sin son raka vägen till Norge, men hans tid där blev inte lång. På resa från bygderna i väster förliste hans skepp med man och allt en stormig dag 1374.

Tyska lånord inträngde på bred front i alla de nordiska språken under 1300-talets lopp. Det gäller framför allt ord med förstavelserna be-, an- och för-, samt avledningar på -bar, -else, -het: betala, anamma, fördärv, smidbar, förståelse, frihet. Verb på -era – regera, hantera – samt en mängd namn på yrkesmän kom från samma håll: skomakare, borgmästare, rådman. En del nymodiga ting och anordningar åtföljdes av sina benämningar: skorsten, fönster. Många konkreta glosor av det slaget är förresten ytterst latin som mestadels har nått oss i lågtysk tappning: tegel, mur, kalk, port, källare, kök, kammare, likaså en rad namn på frukter och grönsaker: äpple, päron, körsbär, beta, kål, persilja.

Själva ordet frukt är latin, likaså hushållsord som kittel, koka, kopp, bägare. Detsamma gäller om glosor som köpa, kosta, marknad, mynt, börs, sedel.

Västliga norska dialekter motstod denna import bättre än de svenska, men officiellt norskt skriftspråk drabbades på 1370-talet av avgörande förändringar därför att det kom nya män i kungens kansli. Två kanslärer och åtskilliga skrivare i Håkon Magnussons tjänst var svenskar.

Hösten 1375 dog Valdemar Atterdag på Gurre slott nära Helsingør sedan han med tanke på skärselden och det hotande helvetet hade återlämnat en del kyrkligt och världsligt gods som belastade hans samvete. Av hans sex barn fanns endast dottern Margrete alias Margareta kvar i livet, men det fanns två dottersöner. Gamle hertig Albrekt av Mecklenburg var farfar till den ene, och han begick oklokheten att låta pojken anta titeln konung av Danmark utan hänsyn till att detta land var ett valrike. Åtgärden retade det danska riksrådet och bidrog till att hans kusin blev vald, trots att han bara var fem år gammal. Han hette Olav Håkonsson och var fallen efter Margrete och konung Håkon Magnusson av Norge.

Fyra år senare dog hans far, och därmed blev pojken automatiskt konung i sitt norska arvrike. Personalunion mellan Danmark och Norge hade alltså uppstått, medan Albrekt av Mecklenburg satt såsom statsöverhuvud i Sverige, vars mäktigaste man emellertid hette Bo Jonsson Grip. Denne förfogade över Nyköpingshus med sydöstra Södermanland, Stockholms slott med sydöstra Uppland, en del av Västmanland jämte Bergslagen och Dalarna, Kalmar slott och län, slottet Öresten med Marks och Kinds härader i Västergötland, Forsholms hus med ett landområde söder om Vänern, Ringstadaholms hus med en stor del av Östergötland, Stäkeholm med Tjust i östra Småland, Rumlaborg med norra Småland och Jönköpings stad, samt hela Finland med slotten i Åbo, Raseborg, Tavastehus och Korsholm. Eftervärlden undrar med skäl hur han hade kommit i besittning av allt detta, och svaret är antagligen att han uppträdde som egendomsspekulant under lågkonjunkturen efter digerdöden och var en skicklig och ogenerad affärsman som begagnade sig av kronans dåliga affärer till att skaffa sig förläningar som pant för lån.

Nu dog Bo Jonsson Grip 1386. Han efterlämnade ett testamente och hade satt en grupp riksråd till förvaltare av alla hans slott och län, men hans änka som var från Mecklenburg ställde krav på det väldiga arvet och fick därvid stöd av kung Albrekt. När denne dessutom sökte hjälp i Tyskland såg sig testamentsexekutorerna ingen annan råd än att vända sig till drottning Margrete i hennes egenskap av förmyndare för den unge konungen av Danmark och Norge.

På sensommaren 1387 inträffade ännu ett ödesdigert dödsfall. Då avled nämligen i Falsterbo den sjuttonårige konung Olav eller Olof, den siste folkungen, Sverres siste avkomling och den siste manlige medlemmen av Danmarks gamla kungaätt. Formellt vilade drottning Margretes maktställning endast på honom, och närmast tronen i både Danmark och Norge stod nu den mecklenburgska furstefamiljen. Margrete lät sig emellertid inte förlamas av sorgen. En vecka efter sonens död valdes hon av tinget i Lund till dansk riksföreståndare, visserligen blott tills vidare, men med full kunglig myndighet. Ett efter ett anslöt sig de övriga danska landskapen till detta beslut. På nyåret 1388 befann hon sig i Oslo och valdes där till riksföreståndare på livstid med rätt till kronan för sina arvingar med undantag för sin mecklenburgske systerson, som sades ha förverkat sin arvsrätt därför att han i åratal hade fört krig mot Norge. Juridiskt var det hela alltså rätt invecklat, men Margretes politiska geni hade i alla fall på kort tid undanröjt många svåra hinder.

På våren samma år mötte hon de svenska testamentsexekutorerna på Dalaborg vid Vänern. Hon förhandlade sig skickligt till det mesta av Bo Jonsson Grips domäner mot att hon garanterade giltigheten av hans testamente ifråga om ett litet antal slott och län. Hon hyllades därpå av aristokratien som Sveriges fullmäktiga fru och husbonde och lovade i gengäld att upprätthålla landslagen och landets friheter.

Uppgörelsen på Dalaborg var naturligtvis att betrakta som en krigsförklaring, och medan kung Albrekt värvade trupper i Tyskland rustade drottning Margrete i Danmark, Norge och Sverige, men hennes främste general var faktiskt mecklenburgare; han hette Henrik Parow. På nyåret 1389 ryckte trupper från alla håll in i Sverige, där de båda huvudhärarna möttes en sen februaridag på Falan i Västergötland, närmare bestämt i Åsle socken. Slaget utkämpades i en terräng av kärr och moras och blev kort men avgörande. Till Bohus, där drottning Margrete själv satt och väntade på utgången, fördes kung Albrekt och hans son Erik som fångar. De spärrades in på Lindholms slott i Skåne och slapp inte ut på många år.

Därmed hade drottning Margrete alltså samlat hela Norden under sin spira. Hur långt samordningen skulle drivas och hur tronföljden skulle ordnas i denna stora personalunion var oklart, men målmedvetet kallade hon att börja med det norska riksrådet till ett möte i Helsingborg och tog med sig dit en liten systerdotterson från Pommern; han hette egentligen Henrik men omdöptes till Erik. Gossen hyllades strax av rådsherrarna såsom norsk arvkonung, varigenom hennes egen ställning som riksföreståndare inskränktes till att omfatta hans omyndighetstid, men den var ju lång.

Valrikena Danmark och Sverige hade i det läget ingen motkandidat att ställa upp.

Stockholm var alltjämt i mecklenburgarnas händer. Staden belägrades naturligtvis av drottning Margretes folk men försörjdes utan svårighet från sjösidan av tyska blockadbrytare som kallades fetaliebröder; namnet har att göra med viktualier, livsmedel. Mecklenburgs hamnar stod öppna för alla som ville driva kaperi mot de nordiska länderna, en verksamhet som lockade många och gav upphov till rätt ansenliga sjörövarflottor i Östersjön. En sådan erövrade 1394 Gotland, och fetaliebröderna lyckades också skaffa sig baser i Finland. Påsken 1393 gjorde de rentav en lyckad räd mot det norska Bergen, som intogs, plundrades och hölls ockuperat i flera veckor. Även Malmö i Danmark och Nyköping i Sverige intogs och brändes ner.

Med tiden drabbades emellertid också de tyska hanseaterna av piraternas framfart, och drottning Margrete som ännu inte hade stadfäst Hansans privilegier i sina länder lyckades till sist få deras stöd i kampen om Stockholm. Kung Albrekt släpptes fri mot en lösen på 60 000 mark och som pant för den summan överlämnades Stockholm till hanseaterna som snart tröttnade på att hålla garnison där och då antvardade staden åt drottning Margrete.

På nyåret 1396 valdes Erik av Pommern i laga former till konung på ting efter ting i Danmark, och frampå sommaren hyllades han på Mora sten av svenskarna. Den nordiska unionen var därmed definitiv, men beträffande de tre ländernas inbördes förhållanden återstod många frågor att lösa, och drottning Margrete utlyste till den ändan ett riksrådsmöte i Kalmar.

I början av juni 1397 möttes i denna stad fulltaliga delegationer från Sverige och Danmark med ärkebiskoparna av Lund och Uppsala i spetsen. Från Norge kom däremot bara tolv delegater, och ärkebiskopen av Nidaros var inte med, ej heller någon annan högre andans man förutom prosten Arne Sigurdsson från Oslo, vilken var Norges kansler. Den 17 juni kröntes kung Erik högtidligen inför denna församling, men förhandlingarna om unionens innebörd drog ut på tiden, och först några veckor senare utfärdades ett dokument som kallas kröningsbrevet. Det hyllar drottning Margrete och den unge konungen i allmänna ordalag, och undertecknarna förpliktar sig att förvalta slott och län i överensstämmelse med deras önskningar. Efter ytterligare några veckor tillkom ännu en skrivelse som kallas unionsbrevet, som är skrivet på papper med åtskilliga överstrykningar och låter förstå »at breff sculæ giffues wppa perkman screfne, tw aff huart rike«. Några sådana brev uppå pergament tycks aldrig ha kommit till, men pappersdokumentet är inte vilket koncept som helst, ty det säger sig vara utfärdat av sjutton mycket betydande herrar inklusive ärkebiskoparna i Lund och Uppsala och domprosten i Oslo. Sju av dem har satt dit sina sigill. I texten står att nu skall kung Erik regera unionen livet ut, »oc sidhen evinnerlicæ sculæ thisse thry riken en konung hafua oc ey flere«.

Säkert är naturligtvis att undertecknarna av detta dokument inte hade mandat från de nordiska folken. De var förvisso inga valda ombud. Unionen som drottning Margrete fick till stånd möjliggjordes av dynastiska tillfälligheter; den var, som Erik Gustaf Geijer uttryckte saken med en berömd formulering, en händelse som ser ut som en tanke. Det kan i alla fall finnas skäl att ägna en fundering åt drottning Margretes särskilda bevekelsegrunder, ty bättre förutsättningar att tänka nordiskt än hon hade kan svårligen någon politiker genom tiderna ha haft. Hon var född i Danmark, uppfostrad av en svenska och gift med kungen i Norge. Språket i hennes föräldrahem var antagligen tyska, ty hennes mamma var dotter till en hertig av Sønderjylland, och Valdemar Atterdag talade veterligen mest plattyska, vilket hans tillnamn vittnar om; han hade visst för vana att säga »Terdage«, vilket betyder »vilka dagar« men närmast är en svordom. Till Norge åtföljdes det nygifta flickebarnet av sin uppfostrarinna Mæreta Ulfdotter från Ulfåsa, dotter till den heliga Birgitta. Fru Mæretas andre man hette Knut Algotsson och var västgöte; familjen vistades tidvis i Dalsland och hade rimligen med sig flickan dit innan hon vid sexton års ålder överlämnades till sin gemål. Som morgongåva fick hon då Bohus slott och län, och till detta hennes privata rike lades med tiden det danska Halland och angränsande delar av det svenska Västergötland. Med detta område hade riksråden i de tre unionsländerna ingenting att skaffa. Hon styrde det alltid genom utländska män som hon litade på.

Ett annat landskap som hon omhändertog för egen del var Gotland, som hennes far hade brandskattat, fetaliebröderna hade intagit och Tyska orden hade ockuperat under hennes krig med Albrekt av Mecklenburg. Omsider stämde hon resolut möte med denne besegrade fiende, frånköpte honom hans anspråk på ön, betalade hans skuld till ordenshögmästaren och inlöste Gotland för egen räkning. Borgarna i Visby bad enträget att få vara kvar under Tyska orden, men det beviljades inte.

Den gotländska transaktionen ger vid handen att inte ens drottning Margrete var särskilt intresserad av Nordens enhet. Några samnordiska institutioner skapade hon aldrig; hon tänkte säkert bara på kronans makt och rätt. Något annat var väl inte heller att vänta av en monark i feodalismens 1300-tal, då Timur Lenk och sultan Murad gick härjande fram österöver och varken Frankrike eller Tyskland eller Spanien var några samlade nationalstater än på länge.

Kalmarunionens nordiska rike var likafullt Europas ojämförligt största. Det sträckte sig från Nordkap åtminstone till Flensburg och från Island, Färöarna, Orkneyöarna och Hebriderna till Systerbäck i Karelen. Finnarna i Finland talade finska och samerna i Lappland klarade sig nog med bara lapska, men på det skandinaviska språkområdet var skillnaderna antagligen mindre än fallet blev efter reformationen med dess skilda bibeltexter och kodifierade riksspråk.

En falsk kung Olav uppträdde i Preussen och påstod sig vara drottning Margretes dödförklarade son. Han vann tilltro bland norska sjöfarare, upprättade ett hov i Danzig och gjorde officiellt anspråk på de tre nordiska rikena. Han var av allt att döma son till en kvinna som en gång hade varit i drottningens tjänst. Denna lyckades snart få honom utlämnad, varpå han blev levande bränd utanför Falsterbo en septemberdag 1402.

På en herredag i Nyköping 1396 genomdrev drottning Margrete en omfattande reduktion av kronogods i Sverige. Oppositionen var lam. Genom en serie räfsteting i landskap efter landskap indrogs resolut en mängd gods som en gång hade räknats till Uppsala öd men med åren kommit i privata händer.

Samtidigt steg skatterna drastiskt i drottning Margretes dagar, särskilt i Sverige men även i Danmark, och de utkrävdes nu delvis i reda pengar, vilket kändes ovant i de svenska bygderna och väckte missnöje. Slott och län som tidigare hade brukat anförtros åt medlemmar av rådsaristokratien styrdes nu av landshövdingar som stod i direkt beroende av kronan och var ansvariga bland annat för uppbörden. De kallades fogdar, och deras maktbefogenheter var stora, vilket med hänsyn till tidens kommunikationsförhållanden var naturligt; det väldiga riket kunde väl knappast regeras på annat sätt. För att fogdarna inte skulle bli så mäktiga att de frestades att höja upprorsfanan besatte drottning Margrete gärna dessa poster i Sverige och Norge med danska eller tyska män som var främlingar i sina län. Själv vistades hon mest i Danmark, som obestridligen var rikets tyngdpunkt; mer än hälften av unionens befolkning bodde där.

Det lugnaste landet i unionen var otvivelaktigt Norge, bland annat därför att adeln var gles där. Drottning Margrete kom dit som ung flicka och hade börjat sin politiska bana i Norge, vars rådsaristokrati var mycket lojal mot henne och även mot kung Erik. En trofast tjänare hade de i riddaren Endrid Erlendsson från Losna i Sogn, vilken tidvis satt som hövitsman på Akershus, Tunsberghus och kungsgården i Bergen förutom en del andra slott och län.

Ett ödesdigert krig som kom att vara i årtionden utbröt 1410 vid Danmarks sydgräns, där förbittrade holsteinare nedbröt biskopsborgen i Slesvig vilken var pantsatt till kung Erik. Denne svarade med ett krigståg längs Sønderjyllands östkust ner till Flensburg, och hösten 1404 kom drottning Margrete själv dit ner för att träffa något slags avtal med den holsteinska änkehertiginnan Elisabeth. Denna infann sig dock inte, och trött på att vänta gick drottningen ombord på sitt skepp för att resa hem. Väl där föll hon emellertid ihop och dog.

Erik av Pommern, som därmed blev ensam om det politiska ansvaret för den nordiska unionen, tog 1415 itu med kriget på allvar. En extraskatt för ändamålet togs upp i alla de nordiska länderna, vilket naturligtvis inte var populärt i Sverige och Norge, där folk intresserade sig föga för Danmarks sydgräns. Även norrmän och svenskar deltog dock i belägringen av Slesvig, som erövrades två år senare under svåra grymheter mot befolkningen där.

Hansestäderna, som redan tidigare hade ingripit på holsteinarnas sida i kampen om Slesvig, utfärdade 1426 en formell krigsförklaring mot den nordiska unionen. Ett anfall på Köpenhamn slogs tillbaka av danskarna under ledning av den blida drottning Filippa, men 1428 angreps den stora staden Bergen av en tysk piratflotta som härjade och plundrade efter behag, ty staden var helt försvarslös vid tillfället. Visa av skadan utrustade norrmännen en ledungsflotta som låg beredd när fienden återkom nästa vår, men det hjälpte inte. De gamla ledungsskeppen besegrades lätt av tyskarnas moderna sjömakt och kom aldrig till användning mer.

Allvarligare för unionen i stort var dock den hanseatiska handelsblockaden, som fick svåra ekonomiska följder på många håll. I Sverige blev det brist på salt och kris inom järnhanteringen i Bergslagen. Kung Eriks krig mot holsteinare och hanseater gick militärt rätt bra, och i början på 1430-talet såg det ut som om hanseaternas nordiska handelsprivilegier skulle kunna gå förlorade, men de räddades genom en serie händelser i Sverige och Norge.

Vid midsommar 1434 utbröt nämligen uppror i Dalarna, där den lilla träfästningen Borganäs stormades och brändes ner under ledning av en man vid namn Engelbrekt Engelbrektsson, förvånande väl bevandrad i politiska och militära ting. I snabb följd tog han därnäst Västerås och Köping, drog vidare till Uppland under effektiv agitation och gjorde sig på sex veckor till herre över större delen av mellersta och norra Sverige. Slotten som intogs överlämnades åt svenska adelsmän, som därmed bands vid hans sak. En av förutsättningarna för hans snabba framgång var säkert att hans folkuppbåd aldrig behövde kämpa mot adelns kavalleri.

Kring ärkebiskopsstolen i Uppsala rådde nästan alltid strid i kung Eriks dagar, vilket inte var utan betydelse för Engelbrekts framgång. En rad skandaler kring kungens barndomsvän och forne kansler Jöns Gerekesson ledde till att denne måste avgå som ärkebiskop på 1420-talet, och kungen hade otur även med hans efterträdare. 1432 ville han sätta dit en av sina hovpredikanter vid namn Arend, men domkapitlet och påven valde i stället den dittillsvarande domprosten Olof. Arend bröt sig likafullt in i ärkebiskopsgården och övertog stiftets styrelse, och när han dog skickade kungen dit en annan av sina teologiska skyddslingar, prosten Torleif från Bergen. Denne försvann dock från Uppsala i samband med Engelbrektsfejden.

På eftersommaren 1434 var det svenska riksrådet församlat i Vadstena. Några sympatier för Engelbrekt fanns knappast i denna högadliga krets, men herrarna var i alla fall i konflikt med kung Erik på grund av bråket kring ärkebiskopsstolen i Uppsala. Engelbrekt kom oväntat till Vadstena i spetsen för sina trupper och tvingade rådsherrarna att uppsäga konungen tro och lydnad i ett märkvärdigt brev där det också står att han har tvingat dem till det. Aktstycket nådde konungen i augusti, då en grupp norska rådsherrar var församlade kring honom i Köpenhamn, och dessa skrev omedelbart till sina svenska kolleger och bad dem besinna vad de gjorde. Svenskarna tvingades då att precisera sig och tog i september klart på sig ansvaret för uppsägelsen och upproret genom att påtala konungens övergrepp mot kyrkan, hans hårda beskattning och hans underlåtenhet att styra med råds råde.

Engelbrekt kunde alltså uppträda på riksrådets vägnar när han i det följande intog de små träfästningarna i Småland och Värmland, inlöste bland annat Örebro hus för en summa pengar – han var alltid stadd vid kassa, hur det nu kunde komma sig – och därpå marscherade in i Halland, där han med olika medel satte sig i besittning av Varberg, Falkenberg och Halmstad. En skånsk armé mötte honom på andra sidan Lagan, men någon strid blev inte av.

I november 1434 kom kung Erik efter en stormig sjöresa till Stockholm som var inneslutet från landsidan av Engelbrekts belägringsarmé. Han kom överens med det svenska

Carl Knutsson Bonde

riksrådet om unionens förnyelse och om tio månaders vapenstillestånd, varunder alla tvister skulle lösas av en kommission med fyra ledamöter från vartdera unionslandet. Engelbrekt sammankallade då ett eget riksmöte i Arboga, där han officiellt valdes till svensk hövitsman med Uppland som provins och underordnade hövitsmän i de andra svenska landskapen, men våren 1435 hölls ett svenskdanskt rådsmöte i Halmstad vilket rev upp besluten i Arboga. Sverige skulle på nytt antvardas åt unionskonungen på villkor att han styrde landet efter svensk lag och tillsatte svensk drots och marsk, vilket inte hade skett sedan konung Albrekts tid.

Denna sommar 1435 slöt konung Erik äntligen fred med hanseaterna, och när Halmstadmötets beslut sattes i kraft på hösten kände han sig stark nog att göra en del förbehåll: befälet på slotten i Stockholm, Nyköping och Kalmar skulle inte nödvändigtvis behöva anförtros åt svenska män. Engelbrekt försummade inte att begagna sig av rådsherrarnas missnöje med detta och lyckades åstadkomma att de på nyåret 1436 enhälligt beslöt att åter uppsäga konungen tro och lydnad såframt han inte uppfyllde vissa krav. Respiten var mycket kort och man väntade inte ens på svar. Omedelbart efter mötet började nämligen Engelbrekt fientligheterna, nu i förbund med den nyutnämnde riksmarsken Carl Knutsson Bonde som var en högättad man, brorsdotterdotterson till ingen mindre än den heliga Birgitta.

Stockholms stad intogs genom en kupp av Carl Knutsson, alltmedan Engelbrekt drog söderut genom Sverige. Hans segermarsch ägde rum mitt i vintern och var förvånande snabb; alltsammans var över på bara några veckor. Nyköping, Stegeberg och Kalmar inringades, Älvsborg oskadliggjordes genom en överenskommelse med slottsfogden, Ronneby, Laholm, Halmstad och Varberg intogs än en gång. Den långa resan på hästrygg i snö och kyla förvärrade emellertid Engelbrekts reumatism, så att han rentav måste använda kryckor när han i sinom tid kunde lämna hären och bege sig till sitt hem på slottet i Örebro.

Tidigt på våren avreste han därifrån till Stockholm med båt, och efter första dagens rodd nådde sällskapet i kvällningen trakten av Göksholms slott på Hjälmarens södra strand. De gick i land på en holme och gjorde upp eld. Då kom adelsmannen Måns Bengtsson roende till holmen; han var son till ett riksråd med vilket Engelbrekt tidigare hade legat i tvist. Engelbrekt trodde att han kom för att bjuda dem till slottet och gick ner till stranden för att möta, men Måns Bengtsson störtade i land med yxa i hand och högg

Den heliga Birgitta

efter ett kort replikskifte ner Engelbrekt, som förgäves sökte parera yxhuggen med sin krycka.

Uppror mot kung Erik utbröt på nyåret 1436 även i Norge, där adelsmannen Amund Sigurdsson Bolt ställde sig i spetsen för en skara missnöjda skattebetalare. Han hade framgång, och skåningen Svarte Jöns som förde befälet på Akershus var påfallande passiv. Vid midsommartiden slöts vapenvila på några månader, ty de upproriska bönderna måste hem och ta itu med skördearbetet, men då var alla slott i Norge fortfarande i kronans hand, och något stöd från riksrådet hade Amund Bolt inte lyckats få. Han ockuperade nu den fasta biskopsgården i Oslo, men mot detta reagerade stadens borgare, och Svarte Jöns såg sig tvungen att ingripa. I julmånaden tvingades Amund Bolt att kapitulera mot löfte att riksrådet skulle föra hans talan inför kung Erik.

Några dagar senare kom hans släkting ärkebiskop Aslak Bolt till Oslo och ordnade ett förlikningsmöte, vars beslut faktiskt såg ut som en seger för de upproriska. Där stadgades nämligen att inga utlänningar fick sitta som ämbetsmän i Norge och att rikets sigill skulle återföras från Köpenhamn, dit det hade förts i drottning Margretes tid. Personligen undgick Amund Bolt alla efterräkningar och fick det mycket bra.

De upproriska bönderna var emellertid inte nöjda med det här. Sommaren 1438 samlade de sig kring en storbonde från Drangedal vid namn Halvard Gråtopp och tågade mot Oslo under plundring och brännande. Bönderna i Lier, Bærum och Aker delade deras åsikter och vägrade att betala skatt, men riksrådet och slottsfogdarna bragte dem raskt på andra tankar. Militära yrkesmän skingrade med största lätthet de upproriska, som fick betala höga böter förutom ersättning för all skada de gjort. De kom aldrig på grön kvist mer.

Kort efter Engelbrekts död hölls ett nordiskt möte i Kalmar där unionen förnyades. Kung Erik var själv tillstädes och hade med sig sin pommerske kusin Bogislav, som han ville ha utsedd till tronföljare, ty några barn hade han inte; hans populära drottning Filippa hade dött ung. Mötesdeltagarna var mycket kallsinniga i tronföljdsfrågan och var dessutom eniga om att kronans slott och län i Nordens länder inte skulle få anförtros åt utlänningar mer. Sedan kungen motvilligt hade gått med på detta ordnades en försoningsscen på torget i Kalmar, där den gamle drotsen Krister Nilsson Vasa och övriga svenska ombud offentligen föll på knä och bad om nåd. Ett nytt möte skulle hållas på höstkanten i Söderköping, och mellantiden tillbragte konungen på Gotland. På väg tillbaka till fastlandet råkade han ut för västlig storm så att hans skepp drev tillbaka och förliste vid Karlsöarna; själv räddade han livet med knapp nöd. Rådsherrarna som väntade förgäves på honom i Söderköping begagnade tiden till att sätta upp en ny unionsakt som underströk likställigheten mellan rikena och stadgade hur nordiska kungaval i framtiden skulle gå till. De skulle hållas i Halmstad, dit de tre rikena skulle sända fyrtio elektorer var.

Besluten i Kalmar och Söderköping år 1436 blev avgörande för unionens framtid. I Sverige och Danmark styrde riksråden på var sitt håll. I Norge som var ett arvrike var unionskonungens ställning säkrare, och befälhavarna på slotten där var alla hans handgångna män. 1439 utnämnde han Sigurd Jonsson, som var Norges rikaste och mest högättade man, till drots med full kunglig myndighet. Norska styrkor föll detta år in i det upproriska Sverige, där de belägrade fästningen Älvsborg på vänstra stranden av Göta älv, men angreppet blev tillbakaslaget.

För Sveriges del hade unionens förnyelse mest varit drotsen Krister Nilssons verk, men mellan denne och den unge riksmarsken Carl Knutsson Bonde rådde ingen vänskap. En tredje maktfaktor i Sverige var de män som hade stått Engelbrekt nära. Deras främste man, Erik Puke, arresterades förrädiskt och avrättades av Carl Knutsson, och fem ansedda bönder som hade stått på hans sida blev levande brända på torget i Västerås. Julen 1438 kom turen till Krister Nilsson, vilken överrumplades på en gård i Enköpingstrakten av Carl Knutssons utskickade, rycktes upp ur sin säng i vinterkölden och drevs iväg till Viborg i Finland för återstoden av sitt liv.

Under tiden satt kung Erik på Gotland och lät dagarna gå. En del av år 1437 hade han tillbragt bland sina fränder i

Pommern och begav sig därifrån till Danmark, men där lyckades han snabbt komma i öppen konflikt med riksrådet och seglade i vredesmod tillbaka till Gotland igen, medtagande kronoskatten och varjehanda klenoder. Danska riksrådet som även hade andra bekymmer – missnöjet i landet hade nyss tagit sig uttryck i ett bondeuppror mot adeln – vände sig då till hertig Christoffer av Bayern, som var systerson till kung Erik men aldrig hade funnit nåd inför denne, och erbjöd honom att bli riksföreståndare i Danmark. Saken avgjordes i juni 1439 vid ett möte i det tyska Lübeck, där även en greve Adolf av Holstein var närvarande och lät sig föräras bland annat hela Slesvig som lön för sitt välvilliga stöd. Samtidigt skrev hertig Christoffer själv till de norska och svenska riksråden och erbjöd sina tjänster.

Svenska riksrådet var vid tillfället församlat i Stockholm, men den mäktige marsken Carl Knutsson var inte med – han var i färd med att belägra Stegeborgs slott sedan han hade blivit osams med dess innehavare. I hans frånvaro vågade rådsherrarna besluta att även Sverige skulle styras av hertig Christoffer och att kung Erik skulle pensioneras, men med bibehållen titel. Carl Knutsson blev mycket arg och lyckades omsider genomdriva att han själv fick vara svensk riksföreståndare tills vidare, men rådsbeslutet revs inte upp.

Hansestäderna stödde det danska riksrådet, vilket gav deras nederländska rivaler anledning att sätta i gång en stor flottdemonstration i Öresund till förmån för kung Erik, som tacksamt lovade dem städerna Helsingborg och Helsingør för deras benägna hjälp. I det läget såg sig danska riksrådet ingen annan utväg än att ofördröjligen ta hertig Christoffer till konung utan hänsyn till vad de andra unionsländerna kunde komma att besluta. Detta sårade deras svenska och norska kolleger djupt. Sommaren 1440 fick man i alla fall till stånd ett svenskdanskt unionsmöte i Kalmar, där Danmarks ärkebiskop och andra prominenta män

Visby

lyckades förmå Carl Knutsson att frivilligt träda tillbaka som riksföreståndare i Sverige. Christoffer erkändes som konung även där.

I Danmark hyllades denne officiellt på Viborgs ting den 9 april 1440, på dagen femhundra år före en annan viktig händelse i de nordiska ländernas historia. Norrmännen höll troget fast vid kung Erik alltjämt, men denne satt fortfarande kvar på det fjärran Gotland, som han betraktade som sin privategendom, och i längden blev det omöjligt att motstå trycket från de båda andra länderna. Norska riksrådet sammanträdde i Oslo sommaren 1440 och bestämde sig för att avsätta Erik av Pommern av nödtvång. En delegation som skickades iväg för att meddela honom detta hejdades i Danmark på sin väg till Visby, men vintern 1441 avsändes en ny delegation som verkligen kom fram och uträttade sitt ärende efter alla konstens regler.

Att man kostade på sig det stora besväret med denna formalitet berodde på att man var angelägen om att inte bryta mot lagen om kunglig arvsrätt. När Christoffer av Bayern äntligen togs till konung även i Norge i juni 1442 skedde detta på ett valmöte i det svenska Lödöse, alltså utanför rikets gräns. Efter lagen skulle sådant äga rum i Nidaros, men riksrådet fastslog att det egentligen inte var fråga om något val utan blott om mottagande av Norges rätte konung – en viss arvsrätt efter sin morbror hade ju Christoffer faktiskt. I sak betydde de juridiska krumelurerna naturligtvis inte mycket.

Kung Christoffers regering blev inte lång. I början av 1448 dog han plötsligt i Helsingborg, bara trettiofem år gammal. Drottning Dorothea var endast aderton, och inga arvingar fanns.

De danska rådsherrarna skickade under sådana förhållanden bud till sina svenska och norska kolleger och föreslog gemensamt val av en efterträdare. Olyckligtvis hade de för ögonblicket ingen kandidat att komma med. De svenska rådsherrarna utsåg ärkebiskop Bengt Jönsson Oxenstierna och hans bror Nils till riksföreståndare i väntan på att läget skulle klarna. I Norge intog Sigurd Jonsson samma ställning.

Carl Knutsson Bonde befann sig i Viborg när budet nådde honom om kung Christoffers död. Med stort följe hastade han då till Stockholm, där han, visserligen i klart olaga former, valdes till Sveriges konung med stor majoritet, 63 röster mot 8. Han hyllades några dagar senare på Mora sten och kröntes därpå högtidligen i Uppsala domkyrka, där ärkebiskopen på ämbetets vägnar spelade sin roll i ceremonien, men hans känslor kan knappast ha varit glada. Han var för övrigt dotterson till Carl Knutssons gamle fiende Krister Nilsson.

Carl Knutssons upphöjelse väckte irritation i de båda andra unionsländerna. Danskarna förhandlade sedan någon tid med hertig Adolf av Slesvig och Holstein, som var en klok och folkkär politiker. De tänkte sig att det omstridda Slesvig på ett behändigt sätt skulle kunna återförenas med kungariket genom honom, men för egen del tackade hertigen omedelbart nej till att bli kung. Han rekommenderade i stället sin systerson greve Christian av Oldenburg som var hans närmaste släktning och arvinge, en tapper och ståtlig ung man som var huvudet högre än folk i gemen och kunde krama ihop en hästsko med båda händerna.

Nyheten om svenskarnas egenmäktiga kungaval sopade undan alla betänkligheter inom danska riksrådet. I september 1448 hyllades greve Christian på Viborgs ting och kröntes en månad senare i Köpenhamn till Danmarks konung. Samma dag gifte han sig med den adertonåriga änkedrottning Dorothea, som på det viset blev ståndsmässigt försörjd utan extra statsutgifter.

De norska riksråden med ärkebiskop Aslak Bolt i spetsen mötte kung Christian i Marstrand en julidag 1449 och tog honom till Norges konung. Detta var det första oförblommerade kungavalet i Norges historia, eftersom ingen arvsrätt åberopades. Dagen därpå utfärdade kung Christian en handfästning med garanti för norska mäns hävdvunna rättigheter, och i den stod det svart på vitt att Norge var ett valrike. Landslagens bestämmelser om tronföljden var därmed satta ur spel.

Aslak Bolt kan knappast godvilligt ha gått med på valet av kung Christian. Hans kandidat var i stället Carl Knutsson från Sverige, vilken märkligt nog tycks ha haft större delen av Norges adel på sin sida. Till hans anhängare hörde sålunda riksrådet Erik Sæmundsson som innehade Tunsberghus och riddarna Herman och Johan Moltke som förde hans talan på Frostatinget. I oktober 1449 drog Carl Knutsson själv till Norge i spetsen för femhundra tungt beväpnade ryttare och mötte en stor samling frälsemän och allmoge i Hamar, vilka med uppräckta händer svor vid Gud och S:t Olav att de tog Carl Knutsson till landets konung. Denne drog sedan vidare över Dovre och kom i mitten av november fram till Trondheim, där han blev högtidligen krönt av ärkebiskopen och i det sammanhanget utfärdade en handfästning, som var kalkerad på kung Christians. Han begav sig därpå till Sverige för att mobilisera mera folk, och fjärdedag jul drog han västerut mot Akershus, där kung Christians anhängare hade sökt säkerhet i väntan på dennes ankomst. Carl Knutsson intog med största lätthet Oslo, men Akershus höll stånd, och efter några veckors belägring måste han resignera och ingå vapenstillestånd till våren, då ett unionsmöte skulle hållas i Halmstad.

Halmstadmötet, som ursprungligen var utlyst för att avgöra Gotlands status sedan den gamle kung Erik hade bortforslats därifrån på danska skepp, kom avtalsenligt till stånd i maj 1450 och medförde svåra motgångar för Carl Knutsson. De svenska förhandlarna enades nämligen med de danska om att unionen borde återuppstå, allra senast när de två rivaliserande monarkerna var döda men helst redan när den ene av dem lämnade det jordiska. Vad Norge beträffar borde Carl Knutsson avstå från alla anspråk på detta land, och de svenska delegaterna lovade att gå i dansk fångenskap om de inte lyckades förmå honom till detta. De fick honom i sinom tid att utfärda en skriftlig kungörelse att de och inte han bar ansvaret för hur det gick med Norge, och med den reservationen nödgades han godkänna avtalet i Halmstad. Han hade helt enkelt inte resurser för ett norskt fälttåg mot kung Christian, som nu hade hunnit rusta sig till tänderna.

Erik Sæmundsson mördades på anstiftan av Hartvig Krummedike, som var kung Christians trogne tjänare, och andra norska anhängare till Carl Knutsson drevs i landsflykt. Mot Aslak Bolt var försynen nådig och lät honom gå hädan strax innan kung Christian anlände till Norge vid midsommartiden 1450.

Dennes färd genom Norge blev ett triumftåg. Framkommen till Trondheim kröntes han högtidligen av en figur som hette Marcellus de Niveriis och var en framstående svindlare, ty han utgav sig falskeligen för påvlig legat och blev därmed främst i rang bland alla andans män i Norge. Efter förrättat värv reste den falske prelaten till Rom i hopp om att kunna utverka påvlig fullmakt som ärkebiskop i Trondheim men fann vid framkomsten att han var offentligen bannlyst för diverse fuffens i det förgångna. Då slank han hastigt iväg norrut igen och förfalskade på vägen de påvliga dokument han behövde för att inte tappa ansiktet inför kungen. Innan han ånyo mötte denne hade emellertid en äkta, av påven utnämnd ärkebiskop vid namn Kalteisen anlänt till Norden och framlagt sina handlingar.

Kung Christian bet ihop tänderna, godkände utnämningen och lät Kalteisen avlägga ed som riksråd. Efter något år vågade sig Marcellus emellertid fram igen och lyckades märkvärdigt nog återvinna kungens förtroende. År 1453 åtföljde han denne till ett rådsmöte i Bergen och fick då till stånd en formlig rättegång gentemot Kalteisen, som beskylldes för samförstånd med Carl Knutsson och förmåddes att lämna sitt ämbete i påvens hand. Platsen som norsk ärkebiskop stod sedan tom i åtskilliga år.

En högsommardag 1451 möttes Christian I och Carl Knutsson personligen vid Avaskär i Blekinge för att resonera om Gotland, men långt ifrån att leda till samförstånd bragte samtalet ett nytt tvistefrö i dagen. Vid sitt gifte med kung Christoffer hade drottning Dorothea fått Värmland och Närke i morgongåva, och plötsligt gjorde kung Christian nu hennes anspråk på dessa landskap gällande. Kravet avvisades naturligtvis, visserligen under diverse juridiska krumbukter, och i denna fråga stödde de svenska rådsherrarna helhjärtat Carl Knutsson. När kung Christian utan vidare sände en norsk trupp in i Värmland och dessutom lät styrkor från Gotland härja Smålandskusten för att ge eftertryck åt sina anspråk, kunde Carl Knutsson med lätthet mobilisera en stor här till Sveriges försvar. Den omfattade även fältartilleri, vilket var en nymodighet på skandinavisk mark: tjugo kärrebyssor med pulver och stenar.

Det långa krig som därmed utbröt bestod mest av härjningar i gränslandskapen. Själv ryckte Carl Knutsson in i Skåne och brände bland annat ner Lund, Helsingborg och Vä medan en annan svensk armé drog in i Norge med Hamar och Trondheim som mål. Året därpå var det kung Christians tur att härja i Västergötland, som för en tid var i händerna på danska och norska styrkor.

I början av 1457 nedlade ärkebiskop Jöns Bengtsson Oxenstierna sin kräkla på högaltaret i Uppsala domkyrka, klädde sig i stål, omgjordade sig med ett svärd och svor att inte återgå till det civila livet förrän Sverige hade fått sin rätt igen, som han uttryckte saken, det vill säga innan Carl Knutsson var fördriven från sin tron. Denne vände raskt om från ett tillämnat fälttåg till Öland men blev överrumplad och slagen vid Strängnäs av ärkebiskopens folk. Han flydde hals över huvud till Stockholm men höll på att inte bli insläppt på slottet, ty svennerna där var druckna. De var antagligen inte heller att lita på. Carl Knutsson använde några hektiska dagar till att föra så mycket som möjligt av kronans och sina egna tillhörigheter ombord på några skepp och avseglade därpå med alltihop till Danzig, där han blev gästfritt mottagen av konungen av Polen och inrättade sig kungligt.

Dagen efter hans avfärd öppnade Stockholm sina portar för ärkebiskopens folk. Vid pingst kom kung Christian seglande genom skärgården, valdes på midsommarafton till svensk konung under övliga former, intågade högtidligen i Stockholm och hyllades någon vecka senare på Mora sten. Det var sista gången som detta urgamla fornminne kom till användning. Någon tid efteråt försvann nämligen Mora sten på obekant sätt och blev aldrig återfunnen.

På nyåret 1458 var det nordiskt riksrådsmöte i Skara, där kung Christians son Hans erkändes som tronföljare i Sverige och kyrkan tillerkändes en del gamla och nya privilegier. Ett liknande avtal träffades med det norska riksrådet, och konungen nödgades i det sammanhanget offra sin främste förtroendeman i Norge, rikshovmästaren Hartwig Krummedike, som även var länsherre på Akershus. Denne fick skriftligen ta avsked från sina höga ämbeten och fick också göra veterligt att kungen hade försonat honom med alla hans norska vederdelomän med ett enda undantag.

Carl Knutssons norska vänner kunde alltså komma hem

från sin landsflykt nu. Undantaget som inte ville låta sig försonas var riddaren Alf Knutsson Tre Rosor, som inte förlät Hartwig Krummedike hans skuld till mordet på Erik Sæmundsson. Fiendskapen mellan dessa två gick i arv till deras söner och var alltså inte någon privatsak. Hartwig Krummedike blev snart tagen till nåder igen av konungen och fick tillbaka posten som hövitsman på Akershus, men Alf Knutsson lät slå ihjäl hans fogde i Hedemarken och blev aldrig ställd till ansvars för detta.

Olof Nilsson hette en skåning som hade varit i tjänst hos Erik av Pommern såsom sjörövare i Östersjön. Han satt sedan som styresman i Bergen och tampades ivrigt med hanseaterna där, men 1453 avsattes han av kung Christian från denna post och tog då itu med att föra privatkrig till sjöss mot hanseaterna. Hans hustru var kapten på ett av hans skepp, och kaperirörelsen var synnerligen lönande. År 1455 lyckades han med list få hand om Älvsborgs fästning och erbjöd den till kung Christian på villkor att han fick tillbaka sin höga ställning i Bergen. Kungen som just då rustade till krig på svensk mark gick med på affären, och Olof Nilsson återkom alltså till den norska hansestaden. De tyska köpmännen där gjorde då uppror, överföll honom på tinget och tvang honom och hans familj att söka asyl i klostret Munkaliv, där han själv räddade sig upp i kyrktornet medan hans bror, hans son och biskopen på orten blev ihjälslagna på en lägre nivå. Förföljarna satte sedan eld på klostret, och när röken började bli outhärdlig uppe i tornet anhöll Olof Nilsson om två timmars respit för att bikta sina synder. Det beviljades, varpå han blev ihjälslagen tillsammans med några präster. Klostret brändes ner till grunden, och mer än sextio personer förlorade livet där.

Hanseaterna i Bergen hade alltså gjort sig skyldiga till tingsfridsbrott, överfall på en kunglig ämbetsman, helgerån

Kung Christians skepp

och mord på bland annat en biskop, men de slapp ändå billigt undan, ty Christian I var mycket beroende av Hansan för ögonblicket. De förständigades visserligen att återuppbygga klostret, men de undgick till och med böter.

I samband med en serie dramatiska händelser – krig mot demonstrerande upplandsbönder mitt inne i Stockholm, konflikt mellan kung Christian och ärkebiskop Jöns Bengtsson Oxenstierna som släpades till Danmark som fånge, uppror av biskopen i Linköping mot kung Christian som råkade in i ett bakhåll i Västmanland och hastigt måste fly hem till Danmark – återinkallades Carl Knutsson Bonde till Sverige på sommaren 1464. Han motades emellertid bort från sin tron efter bara månader och fick nöja sig med att styra Raseborgs län i Finland.

Hans avsättning betydde dock inte att kung Christian

kunde återkomma till Sverige. En viktig maktfaktor i unionen var en brödraskara som kallas Axelssönerna, vars nio medlemmar ofta befann sig i konflikt med var sina av de personer som regerade Danmark, Norge och Sverige. För ögonblicket var Ivar Axelsson förbittrad på kung Christian, medan Erik Axelsson var osams med ärkebiskop Jöns, och i den situationen fann de lämpligt att närma sig Carl Knutsson. Ivar Axelsson gifte sig med dennes dotter Magdalena, som var ett utomordentligt gott parti, och samtidigt förmäldes Erik Axelsson med en något äldre dam som hette Elin Sture, faster till en energisk ung riddare med förnamnet Sten, vilken i sin tur var systerson till Carl Knutsson. Den svenska högadeln var mangrant församlad vid deras dubbelbröllop och utsåg på fläcken Erik Axelsson till riksföreståndare utan hänsyn till att den frånvarande ärkebiskopen redan bar denna titel. Hösten 1466 hölls därpå ett stort allmogemöte i Västerås, där Carl Knutsson kallades att åter ta Sveriges tron i besittning. Han betänkte sig i flera månader men kunde slutligen inte motstå frestelsen.

Stora rustningar ägde nu rum å ömse sidor, men kung Christian som bröt in i Västergötland överrumplades av Sten Sture och måste dra sig tillbaka. Kriget fortgick sedan med stor häftighet i några år.

Enligt ett avtal från kung Magnus Lagabøtes tid, närmare bestämt år 1266, skulle skottarna till evig tid betala 100 mark sterling om året till norska kronan för Hebriderna och ön Man, som ju hade varit norska besittningar en gång. Skottarna låtsades i längden inte om det där, och deras skuld hade växt till 5 200 engelska nobler, en summa som Christian I därför krävde den skotske kung James III på. Då kom en skotsk beskickning till Danmark sommaren 1468 och friade till hans dotter Margrete på sin konungs vägnar, och förhandlingarna om detta gifte gick omedelbart i lås, ty kung Christian var inte svår att tas med i affärer. Inte blott strök han ett streck över norska statens fordringar på den skotska, utan han utlovade även en hemgift på 60 000 gyllen, varav 10 000 skulle utbetalas kontant före brudens avresa från Danmark och 50 000 senare, och för detta sistnämnda belopp skulle Orkneyöarna lämnas i pant tills vidare. Bröllopet firades programenligt, men då hade kung Christian inte lyckats skrapa ihop mer än 2 000 gyllen. För de resterande 8 000 pantsattes då även Shetlandsöarna, som på norska kallades Hjaltland.

Norska riksrådet som inte var vidtalat om affären krävde många gånger i det följande att få sina öar tillbaka, men kung Christian och hans mycket ekonomiska drottning Dorothea fick aldrig råd att inlösa dem och såg väl heller ingen anledning att försöka. De stannade ju ändå i familjen.

Carl Knutsson Bonde dog i maj 1470 och efterträddes de facto av Sten Sture, som tidigt betecknade sig som svensk riksföreståndare fast hans ställning formellt var mycket oklar. Först efter något år blev han officiellt innehavare av ett ämbete, i det att han valdes till rikshövitsman vid ett möte i Arboga sedan han för säkerhets skull hade låtit slå upp tolv tunnor tyskt öl åt riksdagsbönderna.

Någon månad efter detta våta val seglade kung Christian till Sverige med sjuttio skepp, åtföljd av sex svenska och tjugo danska länsherrar samt femtusen man militär, däribland några norska länstagare och deras svenner. I Stockholm blev han inte insläppt, men i Uppsala lyckades han samla Upplands allmoge under sina fanor. Han slog läger med sin armé på Brunkeberg, som alltjämt var en obebyggd sandås norr om Stockholm. Där angreps han en septemberdag 1471 av Sten Sture, som hade lyckats mobilisera en här som numerärt var betydligt överlägsen och därför vann en stor och fullständig seger.

Slaget på Brunkeberg är en viktig händelse i de nordiska ländernas historia, men det är angeläget att komma ihåg att det inte alls var fråga om någon svensknorskdansk batalj. Upplandsbönderna som hade ställt sig på den förlorande sidan straffades strängt av Sten Sture, som inte desto mindre lyckades anslå tonen för svensknationell propaganda för många kommande generationer.

Bygderna i Norge levde alltmera sitt eget liv. Levnadsstandarden steg, befolkningen som hade minskat drastiskt under 1300-talet var nu koncentrerad till de bördigaste och bäst belägna jordbruksbygderna. Storpolitiken och unionsrikenas affärer betydde inte mycket för folk i gemen. Biskoparna i Christian I:s sista år var alla norrmän, valda av domkapitlen utan nämnvärd påtryckning utifrån, och de var nästan undantagslöst av relativt enkelt ursprung. Även riksrådet var en förhållandevis plebejisk församling, ty de högadliga släkterna var få och utdöende. Rådet var dessutom av geografiska skäl delat på två avdelningar som möttes var för sig i Oslo och Bergen, och deras möten med kungen var sällsynta på grund av resornas längd.

Men när Christian I gick ur tiden i maj 1481 hävdade norska riksrådet mycket energiskt sina nationella intressen. Det krävde att Orkneyöarna och Shetlandsöarna skulle lämnas tillbaka till Norge, att tyskarnas våldshandlingar i Bergen skulle beivras och att skatteintäkterna från Norge skulle användas där och inte föras ur landet. Dessutom begärdes att Norge skulle få eget mynt och att enbart norska män skulle sättas till länsherrar och kommendanter på slotten.

Inte minst det sista kravet var högaktuellt, ty som hövitsman på Bohus satt en dansk adelsman vid namn Jørgen Lauriðsen Okse, och han vägrade att överlämna fästningen till riksrådet, som då beslöt att ta den i besittning med militära medel. Att storma den var otänkbart, men årets skörd

Bohus fästning

hade varit dålig och fästningens förråd var magra, varför en belägring hade utsikt att lyckas. Bohus inneslöts alltså, samtidigt som ett nordiskt möte anordnades i Nylödöse vid Säveåns utlopp i Göta älv. Det ledde till att danska delegater kom till Bohus efter någon månad och såg till att norrmännen fick sin fästning. Till hövitsman där sattes då riksrådet Johan Smør som hade lett belägringen, men han drunknade samma höst, och då placerade kung Hans utan vidare en dansk man som kommendant på Bohus än en gång.

Riddaren Knut Alfsson Tre Rosor, som tillhörde en av Norges rikaste och mest förnäma familjer, tillbringade mycket av sin tid hos Sten Sture i Sverige och misstroddes följaktligen av kung Hans.

Ett nordiskt möte för att välja ny unionskonung kom till stånd på nyåret 1483 i Halmstad, men de få svenskar som infann sig hade inga fullmakter, ty Sten Sture hade plötsligt och mycket lägligt drabbats av ögonsjukdom. Danskar och norrmän utsåg i alla fall den tjugosexårige Hans, som var son till den avlidne Christian I, men han måste underkasta sig en handfästning som gav riksråden i de båda länderna stor makt. Det förutsattes att svenskarna skulle gå med på överenskommelsen, och så skedde faktiskt längre fram på året efter hård strid mellan svenska riksrådet och Sten Sture, som inte var hågad att lämna ifrån sig makten i landet.

Den så kallade Halmstad recess innehåller 51 paragrafer om unionskonungens löften och skyldigheter och understryker de tre ländernas självständighet inom unionen. Aktstycket stadgar att konungen skulle residera ett år i Sverige, nästa år i Danmark och ett tredje år i Norge. Unionellt rådsmöte skulle hållas varje sommar växelvis i det svenska Nylödöse, det danska Kungsbacka och det norska Konungahälla alias Kungälv.

Sten Stures förmåga att hindra verkställigheten av Halmstads recess var häpnadsväckande. 1495 skulle ett unionsmöte hållas i Kalmar, och kung Hans väntade i flera veckor där. Samma dag som han tröttnade och seglade sin kos infann sig Sten Sture och påstod sig ha blivit uppehållen av motvind. Under sådana förhållanden ilsknade kungen till, fick danska riksrådet att ställa en ansenlig här till hans förfogande och engagerade själv ett tyskt landsknektsregemente som kallades Stora sachsiska gardet. Med dessa styrkor marscherade han norrut genom Sverige, och från den norska sidan ryckte hans trogne medhjälpare Henrik Krummedike in i Västergötland och satte i gång med att belägra Älvsborg.

Tillfället var väl valt. Sten Sture, som var mycket ekonomiskt sinnad, hade lyckats reta upp många av sina gamla vänner och medarbetare. Vid ett rådsmöte i Stockholm våren 1497 befanns han ha nästan hela den svenska adeln emot sig. Rådet sade upp honom från riksföreståndarskapet samtidigt som han drabbades av ett fejdebrev som kung Hans på riddarvis hade skickat honom, men han kände ingen lust att ge vika utan begav sig till Bergslagen för att mobilisera folk. Det hjälpte inte; hans folkuppbåd från Dalarna blev slaget och skingrat vid Rotebro norr om Stockholm, Älvsborg kapitulerade i september för norrmännen, unionspartiets män satte sig i besittning av de andra slotten i Sverige, och själv var han nära att förlora livet i Stockholms ström dit han trängdes ner från Norrbro tillsammans med sin häst, som emellertid simmade med honom till en av slottets vattenportar. Han måste snart träda i underhandlingar, nedlade sin värdighet som riksföreståndare och hugnades i gengäld med stora förläningar i Finland och Norrland.

Sent på hösten gjorde kung Hans sitt högtidliga intåg i Stockholm och kröntes i Storkyrkan.

Nästa höst vid samma tid befann sig kung Hans i Norge och föranstaltade en rättegång i Konungahälla invid Bohus fästning beträffande en del svåra oroligheter. Bönderna i Sunnmøre hade slagit ihjäl riksrådet Arild Kane och flera av hans svenner, en av Knut Alfssons fogdar vid namn Lasse Skjold hade blivit ihjälslagen i Romerike, och svåra bråk hade ägt rum på Akerstinget sedan massor av missnöjda människor hade församlats dit med hjälp av budkavle. Knut Alfssons fogde befanns ha gjort sig skyldig till sådana övergrepp att hans mördare slapp billigt undan; de dömdes för dråp i hastigt mod. De andra båda brotten stod däremot bönderna dyrt och resulterade i avrättningar, fredlöshet och väldiga böter.

I anslutning till rättegången hölls riksrådsmöte i Konungahälla, och därvid fick Uddevalla sina första stadsprivilegier.

Sten Sture hade tur, ty när kung Hans kom till Stockholm på nyåret 1501 infann sig händelsevis också en rysk beskickning som gjorde anspråk på vissa finska områden och avslöjade förbindelser mellan kung Hans och tsaren. Det stod klart att ett ryskt angrepp på Finland sex år tidigare hade skett efter avtal med kung Hans, ett underbart propagandamaterial för Sturepartiet. Sten Sture och även Knut Alfsson framförde personligen en rad klagomål inför kungen och riksrådet i Stockholm – den sistnämnde klagade framför allt på orätt och övervåld som hade tillfogats honom av Henrik Krummedike.

Kung Hans lyckades lirka med sina motståndare och fick riksrådet att förklara sig tillfreds, men knappt hade han lämnat Sverige förrän norrmän och svenskar möttes i Vadstena och sammansvor sig högtidligen mot honom. Knut Alfsson kom tillbaka till Norge i januari 1502 och satte i gång med att belägra Bohus. Där hade han ingen framgång, men på andra håll lyckades han mycket bra; efter några veckor hade han bland annat Akershus, Tunsberghus och Älvsborg i sitt våld. När kung Hans fick höra detta erbjöd han sin bror Frederik av Holstein halva Norge om han ville komma honom till hjälp, men denne begärde då också hälften av alla norska intäkter som kungen dittilldags hade fått in. Så mycket pengar kunde omöjligen skaffas fram, så kungen överlät åt sin son Christian att göra upp räkningen med Knut Alfsson med de krafter som stod till buds.

Prins Christian ryckte in i Västergötland och skilde skickligt de svenska och norska folkuppbåden åt, hävde belägringen av Bohus och lyckades även inta Älvsborg. Akershus stod sig dock alltjämt. Omsider öppnades förhandlingar mellan Knut Alfsson och Henrik Krummedike som kommenderade de kungliga stridskrafterna i Oslo, och Knut Alfsson kom med lejd ombord på Henrik Krummedikes skepp. Där blev han utan vidare mördad, en ogärning som väckte indignation inom hela unionen. Det var i augusti 1502.

Knut Alfssons släktingar och vänner i Sverige förde gerillakrig över gränsen under någon tid, brände Oslo och gjorde definitivt slut på Tunsberghus. Svante Nilsson som halvtannat år senare gjorde sig till riksföreståndare i Sverige efter Sten Stures död deltog personligen i dessa strider. Han hade stått Knut Alfsson nära och inledde snart ett förhållande till dennes änka, den stolta och viljestarka Mette Ivarsdotter Dyre. De gifte sig inom kort.

Svante Nilssons åtta år som svensk riksföreståndare var en tid av nästan oavbrutet krig mot unionskonungen och danskarna, men i Norge befäste dessa oavbrutet sina positioner. Prins Christian skickades 1507 som kunglig ståthållare dit, samlade ett stort antal framstående norrmän till möte i Oslo och ställde frågor beträffande norsk lag: vad var straffet för landsförräderi och för den som föraktade hans brev och bud? Församlingen svarade mycket ödmjukt att straffet var fredlöshet i båda fallen. Därefter regerade han Norge utan att någon enda gång sammankalla riksrådet, satte danska män att styra slott och län och fängslade biskop Karl i Hamar, som hade motsatt sig indrivningen av en extraskatt. Danska ämbetsmän som Jørgen Hansen från Ribe och Hans Mule från Odense förändrade på mindre än ett årtionde de administrativa förhållandena i Norge och inlevererade skatter till kronan av dittills okänd storlek. De var naturligt nog inte populära, och åtskilliga fogdemord och bondeupplopp inträffade, men dessa beivrades och nedslogs alltid bistert och effektivt.

Under loppet av år 1520 intogs Sverige av en inhyrd yrkesarmé åt konung Christian II, som i november försökte göra slut på Sturarnas vänner och anhängare genom massavrättning, det så kallade Stockholms blodbad. Därmed var den nordiska unionen åter i kraft, men bara för några veckor, ty under första hälften av år 1521 uppflammade Gustaf Vasas uppror, som hade sådan framgång att ledaren redan i augusti kunde hyllas som svensk riksföreståndare vid ett möte i Vadstena. Två år senare valdes han enhälligt till konung, ty Christian II var vid det laget ur spelet även i Danmark, där hans farbror Frederik hade gjort sig till statsöverhuvud med adelns hjälp.

Till Norge skickade den sistnämnde vid sin upphöjelse ett brev och hävdade att han hade arvsrätt till detta land, ett påstående som omedelbart avvisades av en grupp riksråd vilka var samlade i Hamar på sommaren 1523. De tänkte nog välja honom till konung i sinom tid, men på vissa villkor, och utsåg tills vidare två riksföreståndare, varav den ene hette Olav Galle och hade kontakt med Gustaf Vasa. Han skulle residera på Akershus, men där blev han inte

Christian II

insläppt och marscherade då mot slottet i spetsen för ett uppbåd av norsk allmoge som förmåddes att hylla kung Frederik. Hans Mule som höll fästningen grep emellertid med framgång till offensiven och begav sig sedan personligen till Köpenhamn för att överbjuda de norska riksråden i kungahyllning. Svenska trupper ockuperade vid samma tid det norska Bohuslän. Henrik Krummedike steg i land i Marstrand och ville ha avspänning men kom då i konflikt med kommendanten på Bohus, som ville fortsätta att slåss mot ockupanterna ehuru även han hade hyllat kung Frederik. Hans Mule beskyllde under tiden Olav Galle för landsförräderi på grund av hans kontakter med Gustaf Vasa. Det hela var alltså ett mycket invecklat maktspel. Det slutade med att Norge kom i Frederik I:s hand och riksrådets makt blev bruten. I Bohuslän blev dock svenskarna kvar ytterligare några år.

Våren 1527 fick Gustaf Vasa höra talas om Daljunkaren, vilken manade till uppror i öppna brev där han kallade sig Nils Sture, rätt arvinge till Sverige. Gustaf Vasa skyndade att stämpla denne som en bedragare, men det är inte uteslutet att han verkligen var den han gav sig ut för, ty inte blott bönderna i Dalarna utan även Sturefamiljens vänner bland den norska aristokratien lät sig övertygas. Till dem hörde den mäktiga fru Inger till Austråt och hennes svärson Vincent Lunge, som var en mycket betydande person och därtill en av de första lutheranerna i Norge; indignerade prästmän anmärkte på att han och hans husfolk hade tagit sig för att läsa bordbön, vilket räknades som en luthersk ovana. Om Daljunkarens norska besök har Henrik Ibsen skrivit ett drama, »Fru Inger til Østråt«; han låter henne med diktarens rätt aspirera på att bli räknad som moder till Sveriges blivande konung, i det att hon förlovar sin dotter med honom mot hennes vilja. Något egentligt uppror lyckades Daljunkaren dock aldrig få till stånd, ty Gustaf Vasas motpropaganda var effektiv. Daljunkaren måste fly till Tyskland, och Gustaf Vasa lyckades snart få honom utlämnad och avrättad.

I Holland lyckades den landsflyktige Christian II få ihop en liten armé och en liten flotta. I oktober 1531 förde han sina åttatusen man ombord på sina tjugofem skepp och seglade till Norge, men han hade otur med vädret; flottan skingrades av storm, en del fartyg förliste, och med bara elva skepp kom han i land vid Hestnes på sydkusten. I Norge var hans anhängare emellertid många. Den forne svenske ärkebiskopen Gustaf Trolle hade rest före honom dit, ärkebiskop

Gustaf Vasa

Olav Engelbrechtsen och flera andra norska biskopar omfattade hans sak, han hyllades med entusiasm i Oslo, och norska riksrådet skickade villigt ett uppsägelsebrev till kung Frederik. I Bohuslän, som hade fått vara med om att betala klockeskatten till Gustaf Vasa, landsteg dennes motståndare Ture Jönsson Tre Rosor och biskop Magnus från Skara och försökte få kommendanten på Bohus att ta kung Christians parti; när han vägrade försökte de storma fästningen men blev tillbakaslagna med stora förluster. Själv gjorde Christian II ett försök att storma Akershus, vilket inte heller lyckades.

På det viset förflöt vintern. När det vårades samlades en svensk armé vid Lödöse och närmade sig Kungälv, där Ture Jönssons kropp anträffades huvudlös på gatan vid samma tid. En drabbning på Hisingen vanns av kung Christians folk, som emellertid var fåtaligt; han hade bara tvåtusen man kvar och måste dra sig tillbaka till Oslo. Dit kom inom kort kung Frederiks flotta, förstärkt med en del lybska skepp, och därmed var kung Christians öde beseglat; han måste överlämna sig åt den danske överbefälhavaren och hamnade i fängelse på Sønderborgs slott på Als.

I samband med dessa händelser återlämnades Bohuslän till Norge av svenskarna genom den danske befälhavaren på Bohus fästning, Claus Bilde, vilken åtog sig att betala tolvhundra gyllen till Gustaf Vasa för landskapet. Det var onekligen ett billigt pris, och att affären kom till stånd berodde på att svenskarna inte hade något militärt fäste i området längre. Den enda fasta plats de hade innehaft där var Karlsborg vid Åbyfjorden, men den hade kung Christians anhängare lyckats erövra och riva ner.

År 1533 dog Frederik I, och en herredag utlystes till midsommaren året därpå, då även de norska rådsherrarna borde vara med. Eftersom Danmark var ett valrike var tronföljden inte utan vidare klar. Bönder och borgare sände en tanke till den fångne Christian II, men den lösningen avvisades naturligtvis av den maktägande adeln, vars sympatier emellertid var delade mellan två söner till Frederik I. Den äldste hette Christian och hyllades omedelbart som hertig i sina arvländer Slesvig och Holstein. Han var emellertid ivrig lutheran och hade därför prästerna och många andra danskar emot sig. De samlades kring hans halvbror Hans, som de hoppades få uppfostrad till katolik, ty han var bara tolv år ännu.

En äventyrlig plan av borgmästarna i Lübeck, Köpenhamn och Malmö på att sätta Christian II i besittning av hans tre nordiska unionsländer utlöste ett stort danskt inbördeskrig som kallas grevefejden. Det utkämpades i Skåne, på Sjælland och på Jylland men fick väldiga verkningar i alla Nordens länder, i det att Hansans ekonomiska maktställning bröts för alltid, Danmarks bönder i stor utsträckning förlorade äganderätten till sin jord och Norge förvandlades till dansk provins. Ärkebiskop Olav Engelbrechtsen, som hade fått brev från ingen mindre än kejsar Karl V med löfte om hjälp, tillfångatog de sunnanfjällska riksråden och lät mörda Vincent Lunge men fick vänta förgäves på de förväntade utländska trupperna. Vid påsk 1537 gick han i livslång landsflykt.

Det norska riksrådet upplöstes därmed, och officiellt meddelades i Köpenhamn att Norge inte längre skulle räknas som ett självständigt rike utan som en provins under Danmarks krona. Det styrdes för framtiden av landshövdingar som lydde direkt under riksstyrelsen i Köpenhamn.

Något svensknorskt umgänge i politiskt mening förekom därmed inte på tvåhundrasjuttio år eller så framåt i tiden. Alla storpolitiska nordiska mellanhavanden från 1500-talets mitt till 1800-talets början var dansk-svenska, även om många norrmän var inblandade.

Ett stort nordiskt krig bröt ut 1563 och varade årtiondet ut. Det bestod mest av sjöslag och räder på ömse sidor om gränserna. Halland och Blekinge härjades av svenskarna med stort barbari, och i Sverige gjorde den holsteinske generalen Daniel Rantzau ett par härnadståg där åtskilliga slott och städer i Västergötland och Östergötland gick upp i lågor.

På den norska sidan ryckte svenska trupper tidigt in i Jämtland och Härjedalen, som ockuperades utan motstånd men återtogs inom kort av den danske landshövdingen Evert Bild i Trondheim. 1564 gick fyratusen yrkeskrigare under befäl av fransmannen Claude Collart över Kölen mot Steinviksholm, där landshövdingen då befann sig, och efter bara en dags belägring gav han upp fästningen mot fri avmarsch. I Trondheim och hela dess län togs svenskarna emot med välvilja, vilken dock raskt förflyktigades då de svenska myndigheterna visade sig fullt ut lika otrevliga som de danska. De norska bönderna stretade emot när befälhavaren på Bergenshus skrev ut folk för att hindra vidare svenskt frammträngande, men stadens borgare kände intressegemenskap, så han fick på kort tid ihop en ansenlig styrka. Collart själv blev innesluten på Steinviksholm och måste snart kapitulera. Jämtland och Härjedalen var dock i svenskarnas händer än en gång.

Längre söderut misslyckades en lång rad svenska försök att ta Bohus, men ett fälttåg i riktning mot Akershus vållade stort elände i Norge. Från Dalarna tog sig en svensk styrka till Hamar och drog vidare mot Oslo, som brändes ner av försvararna, och förstärkningar från Värmland slog sig fram dit efter strid mot tyska legotrupper vid Sarpsborg, som också gick upp i lågor. Akershus belägrades i ett par månader och började lida brist på vatten och annat, men i maj 1567 kom en dansk flotta från Bergen och drev belägrarna tillbaka samma väg som de kommit. I Hamar brände de ner domkyrkan i förbifarten såsom en värdig avslutning av kriget på denna front.

Sillen, som i tidigare generationer hade kommit till Skånes kuster i väldig mängd, gick på 1560-talet till det norska Bohuslän i stället. Marstrand florerade.

Stor politisk aktivitet rådde i ödemarkerna på Nordkalotten under 1600-talets första år, i det att svenska och danska kronoombud reste omkring där med stora följen och försökte skattlägga landet under var sin överhet. Svenskarna satte i gång med ett kyrkbygge i Tysfjord och bedrev skeppsbygge och laxfiske i Alta. Carl IX utfärdade handelsprivilegier för Göteborgs borgare i området mellan Tysfjord och Varanger och antog själv titeln »de lappars i Nordlanden konung«. Christian IV, som redan 1599 hade gjort en resa i egen person dit upp och även hade tillsatt en landshövding på Vardøhus med uppgift att hålla svenskarna på avstånd, vredgades högeligen och fick 1611 till stånd det så kallade Kalmarkriget, som mest utkämpades i Västergötland och Småland men naturligtvis också berörde Norge. Den svenske fältmarskalken Jesper Cruus satte eld på Kungälv och förödde allt på kustvägen genom Bohuslän upp till Uddevalla. Strövkårer från Norge härjade samtidigt i Värmland och Dalsland, och längre norrut ockuperades Jämtland och Härjedalen av svenska trupper.

Den sista minnesvärda händelsen under detta krig ägde rum i Gudbrandsdalen i Norge, där ett kompani skottar som hade värvats för svensk räkning överrumplades av ett bondeuppbåd vid en plats som heter Kringen och dödades till större delen. Annars intresserade sig norrmännen av allt att döma inte mycket för denna svenskdanska kraftmätning. Sextusen bönder från södra Norge utskrevs till krigstjänst på kunglig befallning men hade ingen som helst lust att dra i fält och var för övrigt helt oövade. En styrka på 2 500 man samlades i krigets början vid Svinesund, men någon faned ville de inte avlägga, och då det gavs order om marsch mot Sverige gick halva styrkan hem. Bara ett par hundra man fanns kvar i lägret några månader senare. Ungefär likadant gick det i Trøndelagen och i Jämtland. Blott var fjärde inkallad mötte upp där, och nästan allihop deserterade snarast.

Även i fortsättningen förblev norrmännen ohågade för det militära. En kunglig befallning 1628 om byggande av blockhus utanför landets större städer saboterades nog, och en allmän krigsplan för Norge samma år förverkligades inte heller. Enligt den skulle fem regementen med ungefär sextusen bondesoldater upprättas, och ett antal utländska officerare anställdes till att kommendera denna armé, men de måste avdankas redan 1629.

Hannibal Sehested, en energisk och diplomatiskt erfaren man som var trolovad med Christian IV:s dotter Christiane, blev ståthållare i Norge 1642. Det första som hände honom där var att holländaren Gabriel Marselis, som drev ett järnbruk i Bærum, kom och bad om hjälp till att få bönderna att bygga väg från bruket till hamnen i Sandviksbukta, vilket de påstods ha skyldighet att göra. Hannibal Sehested lyckades genast ordna detta. Han såg vidare till att skatterna från Norge samlades i en central norsk statskassa på Akershus i stället för att skickas till Köpenhamn, och för dessa pengar byggde han upp en ansenlig krigsmakt vilken utrustades med vapen som Gabriel Marselis tillverkade eller importerade. Det var under sådana förhållanden nära nog självklart att ståthållaren också var överbefälhavare i Norge.

När ett nytt svenskdanskt krig bröt ut 1643 – då Lennart Torstenson marscherade upp på Jylland söderifrån och Gustaf Horn ryckte in i Skåne med svenska trupper – kunde Hannibal Sehested ingripa från sitt håll. Alltifrån april 1644

Hannibal Sehested

satte han i gång en rad aktioner i området mellan Magnor och Göteborg, mest i form av räder från Bohuslän. I juni erövrades och brändes det alldeles nyanlagda Vänersborg. Den militära effekten av den så kallade Hannibalsfejden blev dock inte stor, vilket bland annat berodde på att de utskrivna norska bondpojkarna fortfarande saknade lust att föra krig i grannlandet. Våren 1645 visade det sig att många dragoner rätt och slätt hade ridit hem. Ståthållaren krävde naturligtvis stränga straff för sådant, men detta stärkte inte kampviljan i Norge, där de flesta betraktade kriget som hans privata angelägenhet. Någon norsksvensk tvistefråga förelåg ju inte, ty kraftmätningen gällde i första hand tullen i Öresund.

Utgången av detta krig, där svenskarna med holländsk hjälp segrade stort, kom dock att beröra Norge mycket nära. Vid fredsförhandlingarna i Brömsebro krävde svenskarna att börja med att Danmark skulle avträda Skåne, Halland och Blekinge förutom en del tyska områden. Danskarna sade sig i stället kunna avstå Jämtland, men Axel Oxenstierna som ledde den svenska förhandlingsdelegationen sade sig sätta föga värde på detta med klippor och träsk fyllda landskap. Han krävde mer, och danskarna ökade då sitt bud med Ösel och Halland, vartill Oxenstierna svarade att han hellre ville ha Bohuslän. Efter en del parlamenterande föreslog danskarna Gotland i stället för Halland, och slutet på visan blev att svenskarna fick båda landskapen, men det sistnämnda bara på trettio år. Svenskarna fordrade också Blekinge men förmåddes att nöja sig med det norska Härjedalen i stället. Särnadalen, som en grupp dalmasar hade erövrat på eget bevåg, glömdes bort i fredsavtalet men gick förlorad för Norge likafullt.

Uppsala ärkestift omfattade vid denna tid allt land från Mälaren upp till Torne lappmark. Jämtland hade räknats dit genom hela medeltiden men hade 1570 lagts under Trondheim. Genom Brömsebrofreden förenades landskapet naturligtvis även i kyrkligt avseende med det övriga Norrland. En delning av det väldiga svenska ärkestiftet blev därmed aktuell. 1647 tillsattes den förste superintendenten i Härnösand.

Statsintäkterna från Danmark understeg på 1640-talet statsintäkterna från Norge, vilket var ett nytt och överraskande förhållande för de styrande i Köpenhamn. Räntekammaren där var mycket missnöjd med att de norska pengarna fick stanna i Norge under kriget, men Christian IV hade klart för sig att detta land hade varit ett kungligt arvrike som riksrådet inte hade med att göra, så han hade ingenting emot att hans svärson fick stärka sin och familjens ställning där. 1646 då kriget var slut bestämde han därför att Norge skulle ha kvar sin egen armé under riksståthållarens befäl, vilket betydde att en stor del av statsintäkterna alltjämt fick stanna hos denne. Hannibal Sehested upprättade ett eget finansdepartement, som kallades generalkommissariatet och fick hand om sex järnbeslagna, stadigt fastnaglade kassakistor på Akershus. Norge hade med andra ord fått egen statsförvaltning än en gång, nu under den kunglige ståthållarens energiska ledning.

Detta varade dock bara till 1651, då Hannibal Sehested avskedades och Norge på nytt förvandlades till en samling danska län.

Finnar från Värmland gick i viss utsträckning över gränsen till Norge och slog sig ner i skogarna på östlandet. En kunglig förordning 1648 säger att de gör stor skada på skogen med sitt svedjebruk och befaller dem att antingen slå sig till ro och betala skatt eller packa sig bort. Finnarnas jordbruksmetod vann emellertid insteg även bland den norska befolkningen i gränstrakterna. Avkastningen av råg på svedjorna var nämligen flera gånger större än på motsvarande åkerareal, och därtill kom att svedjebruk kunde bedrivas i vildmarken dit ingen skattmas fann vägen.

Från norsk sida gjordes 1657 en inmarsch i Jämtland och Härjedalen, där nästan inget motstånd mötte. Från Bohuslän ryckte vid samma tid en norsk styrka in i Västergötland som brandskattades, men när vintern kom var det svenskarnas tur att brandskatta Bohuslän. Den norske ståthållaren på Akershus lät i det sammanhanget bränna det nyanlagda Christianias förstäder av fruktan för svensk framryckning ända dit.

Det var den vintern då Carl X Gustaf förde en svensk armé över Bältens is och framtvang freden i Roskilde, som är den dyraste i Danmarks historia och den betydelsefullaste i Sveriges, ty den innebar att Skåne, Blekinge, Halland och Bohuslän bytte nationalitet. Till Sverige överlämnades vidare Bornholm och Trondheims län i Norge, men återstoden av Norge som svenskarna i förstone ville ha fick de ändå inte. Året var 1658.

I Trøndelagen reagerade befolkningen nästan inte alls på att länet skulle bli svenskt. Den enda person som uttryckligen vägrade att avlägga trohetsed till den nya överheten var biskopen, som hette Erik Bredal. När det nya svenskdanska kriget bröt ut samma höst mötte de danska myndigheternas appeller emellertid starkt gensvar framför allt i Bergen, vars borgare ängslades för att vara avskurna från handeln på Nordnorge. Trondheim inneslöts raskt av en bergensisk styrka på tretusen man, och den svenske kommendanten som bara hade sjuhundra måste kapitulera i december. Han avtågade under militär salut, sedan svenskarna dessutom hade trakterats med tjugofyra kannor spanskt vin.

Efter Carl X Gustafs plötsliga död och svenskarnas militära motgångar i Danmark kom en svenskdansk fredskonferens till stånd i Köpenhamn år 1660 på initiativ av Hannibal Sehested och utan inblandning av främmande diplomater. Den ledde till en uppgörelse vars geografi har blivit bestående. Sverige fick lämna ifrån sig Bornholm och Trondheims län men behöll Skåne, Blekinge, Halland och Bohuslän.

Alla dessa landskap försvenskades resolut under 1600-talets återstående decennier med kyrkans och även med reduktionens hjälp. Lättast gick det i Bohuslän, vars norska dialekt skilde sig mycket litet från de angränsande svenska landskapens. Ett viktigt bidrag till försvenskningen lämnade en bottenrik bohuslänska vid namn Margareta Dyre, född Huitfeldt, vilken år 1664 testamenterade hela sin förmögenhet till gymnasium i Göteborg och den studerande ungdomen i hennes hemprovins. Donationen bestod av en mängd hemman, trankokerier, salterier och hela samhällen, däribland Fiskebäckskil, Grundsund, Gravarne och Smögen.

Norges befolkning höll sig på 1660-talet vid ungefär 440 000 människor, varav bara 30 000 i tätorter. Knappt 3 000 fanns i det blivande Finnmarks fylke. År 1671 delades landet i fyra huvudamt, nämligen Akershus med Smålenene och Brunla, Kristiansands amt med Bratsberg och Stavanger, Bergenhus amt med Hardanger och Nordlandene samt Trondhjems amt med Romsdalen och Vardøhus. Ändringar vidtogs dock snart; sålunda försvann Brunla underamt redan på 1670-talet.

Sverige råkade på nytt i krig 1676, denna gång mot Danmark, Holland och Brandenburg men i allians med Frankrike. Det gick mycket dåligt för svenskarna, som dock fick tillbaka det mesta av sitt territorium därför att fransmännen segrade på sitt håll och dikterade fredsvillkoren. På den norska fronten kom ståthållaren Ulrik Frederik Gyldenløve med en armé som ockuperade Bohuslän och förde kriget in på gammalt svenskt område, där Vänersborg intogs, Skara och Lidköping brandskattades och en norsk piratflotta opererade på Vänern. Även Jämtland ockuperades med lätthet av norska styrkor. I krigets sista år, då svenskarna hade fått bukt med snapphanarna i Skåne, slogs man huvudsakligen kring Bohus, som norrmännen trots lång belägring och svåra bombardemang aldrig lyckades ta. Ett svenskt regemente ryckte in i Norge från Dalarna och brände Røros. 1679 hade svenskarna initiativet på alla fronter men lyckades inte ta tillbaka Uddevalla och Marstrand, som alltså hölls av norrmännen till krigets slut samma år.

Finlands bidrag till Sveriges krigsmakt var som vanligt mycket stort även i detta krig på skandinavisk mark. I slaget vid Lund som var vändpunkten utgjorde finska trupper drygt en tredjedel av den segrande armén.

Stora ekonomiska förändringar ägde rum på 1680-talet i både Sverige och Norge. I Sverige upprättades det karolinska enväldet och genomfördes en reduktion som knäckte högadeln och ödesdigert stärkte kronans militära möjligheter. I Norge tillkom samtidigt en kunglig förordning som satte stopp för storgodsägarnas övergrepp gentemot bönder och arrendatorer genom att sätta maxima för deras avgifter och anspråk. Förordningen fick till följd att en mängd jordegendomar såldes direkt till bönderna, framför allt i skogsbygderna, där det gick att hugga timmer att betala gårdsköpen med. Säljarna var mestadels ämbetsmän och köpmän i städerna, vilka alltjämt hade kontroll över virkesexporten och över sågverken.

År 1688 utfärdades emellertid ett norskt sågverksreglemente som ledde till nedläggning av 536 sågverk och minskade produktionen hos de återstående 664 med en tredjedel. Exporten sjönk drastiskt och därmed även vissa statsintäkter. Orsaken till detta väldiga ingrepp i näringslivet var omtanken om skogarna, som verkligen hade varit utsatta för rovdrift framför allt efter Londons brand 1666, då efterfrågan på plank och bräder var enorm. Sedan sjönk priserna, och inte minst ståthållaren Ulrik Frederik Gyldenløve, som var landets störste träpatron, fann det nödvändigt att minska utbudet.

Ett annat bekymmer beträffande skogsbygderna i Norge gällde den fortsatta inflyttningen av finnar över svenska gränsen. Flera kungliga förordningar försökte hejda dem, men problemet var förvisso långt mindre än myndigheterna trodde. Enligt mantalsuppgifterna fanns det år 1686 bara ett tusental rena finnar i Norge. Tyskarna i landet var långt flera. Officerarna i armén var huvudsakligen tyskar, och kommandospråket var tyska.

Den norska sjöfarten expanderade våldsamt på 1690-talet därför att sjömakterna i väster låg i krig med varandra då. Tonnaget ökade med ungefär hundra procent. Freden 1697 ledde omedelbart till kris i Norge, där den ene redaren efter den andre gjorde konkurs. De som klarade sig behövde dock inte vänta länge på bättre tider för sin näring. Redan år 1699 blev det krig på nytt, nu i alla väderstreck.

Tiden var Carl XII:s tid. Hans attack mot Danmark år 1700 var så snabb att innan några operationer hann komma till stånd på den norska fronten var fred med Danmark redan sluten i Traventhal. Efter slaget vid Poltava sattes emellertid en dansk armé i land i Skåne i november 1709, och från Norge var det meningen att en huvudstyrka skulle rycka in i Bohuslän över Svinesund medan mindre avdelningar skulle ta Värmland och Jämtland i besittning. Ingenting av allt detta hände dock, ty administrationen fungerade dåligt och det var klent med utrustning av alla slag.

Skatter och krigsgärder som påbjöds i Norge i det följande ledde till vägran och oroligheter, som började i Hallingdal. Myndigheterna skickade dit sextio dragoner för att arrestera de tredskande böndernas ledare och indriva pålagorna, men det jäste i bygderna även på andra håll, och det hela slutade med att de extra skattekraven reducerades till fjärdedelen år 1713 och avskrevs helt för allmogens del året därpå. De norska bönderna vann faktiskt sin strid med danska staten.

Strax före jul 1715 kom Carl XII tillbaka till Sverige efter sin turkiska sejour. Han stannade i Skåne och gladde sig åt att det snart frös is på Öresund, men inom kort blev det blidväder igen, och någon marsch till Sjælland var inte att tänka på.

I februari 1716 gick han i stället mot Norge med tretusen man och tog sig på krokiga vägar till Christiania via Bygdøy, ty då bar isen på Oslofjorden. Akershus höll emellertid stånd utan svårighet, en norsk huvudstyrka låg intakt vid Gjellebekk öster om Drammen, och ett försök att falla den i ryggen omintetgjordes på Norderhovs prästgård i Ringerike, där en svensk överste Löwen togs till fånga med hundratrettio man. En heroisk anekdot om hur prästfrun Anna Colbjørnsdatter Ramus lurade svenskarna sedan hon sänt sin piga efter norska soldater hamnade med tiden i alla norska barns skolböcker och står där kanske än.

Carl XII:s expedition mot Norge år 1716 varade i flera månader. I slutet av april nödgades han dra bort från Christiania och lyckades ta sig tillbaka över Glomma. I juli gjorde han ett misslyckat försök att storma Fredrikstens fästning och intog Fredrikshald, men staden gick därvid upp i lågor och måste utrymmas. En svensk flotta som hade fört fram artilleri, ammunition och proviant till Dynekilen nära Strömstad angreps överraskande av en dansk eskader under den nyadlade norrmannen Peter Wessel Tordenskiold, vil-

Peter Wessel Tordenskiold

ken lyckades uppbringa tretton svenska örlogsfartyg och sänka ett trettiotal. Därmed var det slut på Carl XII:s första fälttåg mot Norge.

Det närmast följande året tillbragte den svenske envåldskonungen i Lund, sysselsatt med förberedelser till ett nytt fälttåg mot Norge, alltmedan hans betrodde minister Georg Heinrich von Görtz mobiliserade alla ekonomiska resurser samt skötte ett diplomatiskt spel som verkade lovande. Våren 1718 förhandlade han på Åland med tsar Peters utsända och fick till stånd en traktat enligt vilken Sverige skulle avstå de baltiska provinserna och sydöstra Finland och i gengäld få rysk hjälp till att erövra Norge.

På hösten samma år marscherade Carl XII med fyrtiotusen man mot Fredriksten, och samtidigt ryckte den finske generalen Carl Gustaf Armfelt in i Trøndelagen med sju tusen man. Danskar och norrmän var emellertid förberedda och hade fördubblat utskrivningen av soldater i Norge. Armfelt nådde strax trakten av Trondheim men kunde inte ta staden utan gjorde i stället en marsch mot Røros. Carl XII själv inneslöt Fredriksten och satte i gång belägringen. På kvällen den 30 november – det vill säga den 11 december enligt gregoriansk tideräkning – stod han i en löpgrav utanför fästningen och träffades av en kula som ändade hans liv.

Carl XII:s död betydde inte att kriget var slut. Belägringen av Fredriksten hävdes visserligen nästa dag. Strax före nyår fick Armfelt besked om vad som hänt och inledde återtåget till Jämtland över fjället, där nästan hela hans armé gick under i en snöstorm som varade flera dagar. På svenska västkusten ryckte norska trupper fram till Strömstad, och från sjösidan utförde Tordenskiold en del bravader, fick Karlstens fästning att kapitulera utan strid och intog Marstrand, där sju svenska linjeskepp, två fregatter och åtta mindre fartyg sänktes eller erövrades. Han lyckades också utföra en kupp mot Göteborgs hamn, där ett antal svenska fartyg sattes i brand eller sprang i luften.

Fred slöts i juli 1720 utan gränsförändringar på den norska sidan. Ryska härjningar på Sveriges östkust fortgick ytterligare något år, och de svenska landförlusterna på andra sidan Östersjön var definitiva. Men även Norge hade lidit svårt under kriget, inte minst under Carl XII:s första fälttåg dit, då Christiania avkrävdes en skatt på sjutusen riksdaler om dagen, vilket är oändligt mycket mer än det numera låter, och stora områden öster om Glomma drabbades av brand och plundring. Även Armfelts expedition som slutade så tragiskt var närmast ett plundringståg.

Sveriges befolkning efter det stora nordiska kriget anses

ha uppgått till ungefär 1 440 000 personer, vartill kom på sin höjd 340 000 i Finland.

Sjuttonhundratjugotalet är Ludvig Holbergs stora tid. Efter hjältedikten »Peder Paars« följde slag i slag komedierna »Den politiske Kandestøber«, »Den Stundesløse«, »Jeppe paa Bierget«, »Barselstuen«, »Erasmus Montanus«, »Jacob von Tyboe«, »Ulysses von Ithacia«, »Julestue«, »Mascarade«, »Det arabiske Pulver«. Den köpenhamnska teater som uppförde allt detta upphörde vid stadens brand 1728, varpå Holberg ägnade sig åt historieskrivning i stället. 1729 utkom »Dannemarks og Norges Beskrivelse«.

Ludvig Holberg skrev förvisso på danska och utförde hela sin litterära gärning i det egentliga Danmark. Han var dock född i Norge.

Christian VI var en charmlös men from pietist. Han intresserade sig för mission såväl i Indien som i norska lappmarken. Kort före sin död utfärdade han ett påbud om obligatorisk kyrkogång varje söndag för envar i hans stora rike. Samtidigt förbjöds alla världsliga nöjen på sön- och helgdagar. Konfirmation infördes i norska kyrkan genom ett kungligt påbud 1735, och två år senare upprättades ett General-Kirke-Inspections-Kollegium med uppgift att vaka över lärans renhet och kyrkotuktens upprätthållande. Alla böcker i religiösa ämnen underkastades censur, och förbud mot religiösa sammankomster utan prästerlig ledning utfärdades 1741.

I Sverige, där inte kungligheten utan ständerna styrde och ställde vid denna tid, genomdrevs redan 1726 en förordning som kallas konventikelplakatet, vilken vid strängt straff förbjöd alla andaktsövningar utan prästerlig ledning. En pietistisk rörelse hade nämligen vunnit utbredning där genom krigsfångar som var hemkomna från Sibirien, och den kyrkliga ortodoxien kände sitt välde hotat. Någon konfirmation förekom däremot inte i Sverige förrän 1763, då Strängnäsbiskopen Jacob Serenius införde sådan i sitt stift. Konfirmationstvång tillkom först 1811 i Sverige.

Christian VI:s utrikespolitik var i hög grad inriktad på att få till stånd ett gott förhållande till Sverige, ty det fanns ingen tronarvinge där, och han tänkte sig möjligheten av att hans son Frederik kunde få efterträda Fredrik I. Allt gjordes därför som kunde göras för att utplåna minnet av kraftmätningarna i de pfalziska Carlarnas tid. En av Christian VI:s första regeringsåtgärder var att låta riva en triumfpelare på den plats i Norge där Carl XII stupade.

Ett svensk-danskt förbund kom faktiskt till stånd 1734; de båda länderna lovade att komma varandra till hjälp ifall något av dem blev angripet av någon annan stat. Sju år senare började svenskarna emellertid krig mot Ryssland i samband med ett tronskifte där. Det gick mycket illa; ryssarna tog raskt hand om hela Finland och Åland. Panik utbröt bland de styrande i Sverige, som vid det laget hade en olöst tronföljdsfråga till råga på allt. Den släktkära kejsarinnan Elisabet lät dem genom lämpliga kanaler förstå att de kunde räkna med en billigare fred om de till tronföljare valde hennes släkting Adolf Fredrik, furstbiskop av Lübeck. Förslaget väckte allmän förtrytelse i Sverige, och bondeståndet fattade ett formligt beslut att den danske kronprins Frederik borde väljas, vilket skulle innebära personalunion mellan de nordiska rikena. I den vevan led svenska flottan emellertid ett svårt nederlag i skärgården, och då blev det förfäran i riksdagskretsarna. Christian VI lät meddela att om ytterligare ett stånd anslöt sig till böndernas val så kunde Sverige få dansk hjälp med vapenmakt. Mutor och trakteringar bedrevs med iver i Stockholm till förmån för båda kandidaterna, men flertalet riksdagsmän blev alltmera be-

Svenska flottan i strid som slutade i nederlag.

nägna att göra kejsarinnan till viljes. Bönderna blev ensamma om sitt beslut, och så var den chansen till nordiskt samgående försutten.

Ute i landet var oviljan naturligtvis stor mot dem som hade kastat Sverige ut i kriget, och striden i tronföljdsfrågan fick revolutionsstämningen att slå ut i full låga. I maj 1743 gick budkavle genom Dalarna med maning att gå man ur huse och tåga till Stockholm för att hindra herrarna att på rysk befallning göra en tysk biskop till kung av Sverige. Resultatet blev ett uppträde som har gått till historien under namnet Stora daldansen; det slutade med nederlag, avväpning och en mängd straffdomar. Två generaler avrättades vid samma tid som syndabockar för det förlorade ryska kriget. Furstbiskopen Adolf Fredrik av huset Holstein-Gottorp gjorde därpå sin entré som svensk tronföljare. Ryska trupper togs emot i Nyköping och Norrköping för att skydda Sverige mot eventuella angrepp av den besvikne danske konungen, men det kriget blev aldrig av.

Snorri Sturlusons norska konungasagor utkom på danska 1756 och fick snart stor betydelse för nationalmedvetandet i Norge, där det vid denna tid inte fanns några samlande organ alls. Alla landets amt och stift, militärförband och domstolar lydde direkt under förvaltningsapparaten i Köpenhamn.

En danskrysk förbundstraktat kom till stånd 1767 och var uteslutande riktad mot Sverige. De båda staterna lovade att militärt komma varandra till hjälp i händelse av svenskt angrepp på någondera men även för det fall att det blev någon förändring i det svenska statsskicket, där ständerna hade makten. Att en dansk regering kunde inlåta sig på något sådant berodde på att den maktlösa svenska kungligheten tillhörde huset Holstein-Gottorp. Det gjorde visserligen den minderårige ryske tronföljaren också, men hans mor och förmyndare Katarina II lovade att han skulle avstå från alla arvsanspråk på Slesvig. Kung Adolf Fredrik och hans son Gustaf litade danskarna däremot inte på.

I Köpenhamn stiftades 1772 Det Norske Litteraire Selskab. Samma år spelades i samma stad norrmannen Johan Herman Wessels komedi »Kiærlighed uden Strømper«. Samtidigt utgav teologie studeranden Johan Nordahl Brun den fosterländska sången »For Norge, Kiempers Fødeland«. Gerhard Schøning var i färd med att skriva en stor norsk historia; han blev färdig med tredje bandet innan han dog 1780. Ett norskt nationalmedvetande hade uppenbarligen vaknat på allvar.

Revolutionen i Sverige 1772, då Gustaf III gjorde slut på ständerväldet, väckte bestörtning i Danmark, som i sin förbundstraktat med Ryssland hade förpliktat sig att hindra att det svenska statsskicket förändrades. Gustaf III hade emellertid valt sitt ögonblick rätt, ty ryssarna var just då i krig med turkarna och var dessutom i full färd med att dela Polen med Preussen och Österrike.

Från Köpenhamn utgick ett påbud om omedelbar utrustning av en eskader och minst tolvtusen norska soldater. Rustningar och krigiska demonstrationer på ömse sidor om norsksvenska gränsen kom till stånd men ledde dessbättre inte till krig. En lugnande not från danska regeringen och en hotfull förklaring från kejsarinnan Katarina II fick Gustaf III att akta sig för att överskrida gränsen. 1773 var krigsfaran förbi, helst som den gottorpska frågan äntligen löstes det året, till oändlig lättnad för de styrande i Danmark.

Men Norge, som hade haft tre år av missväxt, drabbades vid samma tid av en våldsam tyfusepidemi. Dödligheten påstås ha varit den högsta sedan digerdöden.

Gustaf III och Katarina II möttes 1783 i det finländska Fredrikshamn, där den svenske kungen föreslog att den ryska kejsarinnan skulle ge honom fria händer att erövra Norge mot att Sverige gav upp sin gamla allians med Turkiet. Hon lät inte locka sig av detta förslag. Kungen beordrade då svenska beskickningen i Konstantinopel att göra allt för att egga turkarna till krig, medan han själv i all hemlighet rustade mot Danmark. Ett ryskturkiskt krig utbröt verkligen, men kejsarinnan som inte var okunnig om den svenska diplomatins bemödanden vägrade fortfarande att prisge Danmark, och Gustaf III:s krigiska aspirationer vände sig då från väster till öster. En oktoberdag 1787 anlände han oväntat till Köpenhamn och försökte få sina värdar att bryta sin danskryska allians mot en dansksvensk, men ryske ministern fick nys om saken och skyndade sig då att underrätta danska regeringen om det svenska förslag som kejsarinnan hade sagt nej till i Fredrikshamn. Därmed sprack Gustaf III:s danska diplomati, vilket dock inte hindrade honom att fullfölja sina krigsplaner och själv dra i fält.

Hans ryska krig blev inte lyckat. Det amatörmässiga i hela företaget fick ett antal finländska officerare att revoltera och ingå det så kallade Anjalaförbundet, i det att de vände sig till ryska kejsarinnan och försökte få till stånd en hederlig fred. Gustaf III blev alldeles förtvivlad men ryckte upp sig när danskarna traktatsmässigt förklarade Sverige krig; han utropade då de bevingade orden »Je suis sauvé« och hastade tillbaka till Sverige för att spela en roll som han verkligen kunde. Han började en agitationsresa i Mora, där han efter Gustaf Vasas mönster talade till bönderna på kyrkvallen och fick dem att sätta upp en väpnad skara till den urgamla frihetens värn mot förrädare och tyranner. Därifrån drog han vidare till andra socknar, uppträdde i daladräkt med serafimerstjärna på rocken och fick lätt ihop det manskap han begärde.

Vad denna helt oövade landstormsarmé kan ha varit värd på slagfältet slapp nationen lyckligtvis att få veta, ty för Danmark kom det påtvungna kriget ytterst olägligt. Norrmännen som nyss hade fått igenom ett krav på fri spannmålsimport var förmodligen lojala, men deras militärmakt var inte något vidare, helst som överbefälhavaren inte hade satt sin fot i Norge på femton år. Hälften av kanonerna var obrukbara och mängder av gevär och munderingar måste kasseras, men efter många besvär fick man ihop tolvtusen man som ryckte in i Bohuslän, där svenskarna bara hade fyratusen. En träffning vid Kvistrum slutade med att åttahundra svenskar togs till fånga och släpptes fria igen. Dessförinnan hade den svenske befälhavaren varit på middag hos den norske.

Det hela var alltså ett operettkrig, och innan några skott hann lossas kom engelske ministern i Köpenhamn hals över huvud resande till Sverige och träffade Gustaf III i Karlstad. Han erbjöd Storbritanniens och Preussens medling i kriget mellan Sverige och Danmark, samtidigt som det preussiska

Gustaf III

sändebudet tillställde danska regeringen ett liknande anbud. De båda stormakternas inskridande var naturligtvis en befallning, men den åtlyddes likafullt med tacksamhet i alla de nordiska länderna. Den dansknorska hären i Bohuslän, vilken omsorgsfullt hade avhållit sig från all plundring och skadegörelse, återvände snällt till Norge igen.

Gustaf III var ganska väl underrättad om förhållandena i Norge. En bonde som hette Christian Lofthus drog 1786 och 1787 omkring i socknarna där och protesterade mot dyrtiden, skattetrycket, ämbetsmännens övergrepp och köpmännens olagligheter; någon revolution var det aldrig frågan om, men Lofthus blev i alla fall slagen i järn och insatt på livstid i Akershus fästning. Hans resning var trots detta inte helt förgäves, ty en del av hans anklagelser mot olika ämbetsmän visade sig vara befogade, och det danska monopolet på spannmålshandel befanns vara moget att avskaffas.

Oroligheterna kring Lofthus fick Gustaf III att sända sin livläkare Jean Martineau som generalkonsul till Christiania med uppgift att hålla reda på folkstämningarna i Norge. Några år senare rapporterade denne hem att han kände alla norska patrioter och att de flesta av dessa skulle föredra full oavhängighet.

Våren 1790, när Gustaf III:s ryska krig alltjämt pågick, mötte hans vän och rådgivare Gustaf Mauritz Armfelt fyra framstående norrmän vid Eda skans på Värmlandsgränsen och resonerade med dem om Norges frigörelse från Danmark. De hade tänkt sig att upproret skulle börja bland gruvarbetarna i Røros och att norrmännen därpå skulle få hjälp av en engelsk flotta förutom av Gustaf III.

Denne gick inte in på planen, som han fann alltför äventyrlig, men tanken på Norges frigörelse från det danska väldet sysselsatte honom bevisligen även framdeles under de få år han hade kvar att leva.

Stockholm hade vid pass 80 000 invånare när 1800-talet gick in. Christiania hade ungefär 9 000, Bergen dubbelt så många.

En ung väckelsepredikant som hette Hans Nielsen Hauge trotsade det norska konventikelplakatet och angrep dessutom det förvärldsligade prästerskapet i tal och skrift. Han fick många vänner och anhängare och byggde så småningom upp en rätt omfattande affärsverksamhet med pappersbruk, boktryckeri, rederiverksamhet och annat, predikande företagsamhet och skötsamhet såsom Guds vilja. Mellan 1797 och 1804 arresterades han tio gånger med stöd av konventikelplakatet i kombination med lösdrivarlagen – han reste ju omkring i landet – och från slutet av 1804 till hösten 1811 hölls han i hårt fängelse tillsammans med alla sorters slödder. Han kom ut som en knäckt man, men hans lära var inte glömd. Den har haft betydelse för det andliga och det ekonomiska livet i Norge intill våra dagar.

Det slutande 1700-talets europeiska konflikter efter den stora revolutionen i Frankrike fick naturligtvis betydande effekter även i de skandinaviska länderna. Särskilt den norska sjöfarten upplevde gyllene tider. Riskerna till sjöss var emellertid stora, och 1794 ingicks ett förbund mellan Sverige och det danska väldet om väpnad neutralitet, vilket innebar att de båda staterna lät konvojera sina handelsskepp med örlogsfartyg till skydd mot franska och engelska kapare. Detta ledde till svåra sammanstötningar med framför allt engelsmännen.

År 1800 i julmånaden drogs de nordiska staterna in i ett nytt och större neutralitetsförbund med Ryssland och Preussen. Engelsmännen, som såg sina livsintressen hotade, reagerade omedelbart genom att beslagta alla åtkomliga norska, danska, svenska, preussiska och ryska skepp. I mars 1801 skickades en brittisk flotta till Öresund under befäl av amiralerna Parker och Nelson. Den ryska marinen låg fortfarande infrusen i sina hamnar, och den svenska flottan var långt ifrån segelklar så tidigt på året, så Danmark fick ensamt ta emot stöten. På skärtorsdagen gick Nelson till angrepp mot Köpenhamn, där regenten kronprins Frederik såg sig tvungen att gå med på britternas krav på utträde ur neutralitetsförbundet. Amiral Parkers flotta visade sig därpå utanför Karlskrona och krävde att svenskarna skulle följa det danska exemplet, och vid precis samma tid kom besked att kejsar Paul hade blivit mördad i S:t Petersburg och att hans son och efterträdare Alexander I hade förklarat sig villig till förlikning med England. Neutralitetsförbundet hade därmed upphört att finnas till. Engelsmännen fortsatte att visitera neutrala handelsfartyg efter behag, alltmedan åtminstone den svenska regeringen såg till att folk hölls i okunnighet om vad som egentligen hade skett.

Tronskiftet i Ryssland medförde snabb förändring av fronterna i den europeiska storpolitiken. I Frankrike lät förste konsuln utropa sig till kejsar Napoléon I några år senare, och Gustaf IV Adolf som enväldigt regerade Sverige tvekade inte att ansluta sig till Ryssland, England och Österrike för gemensamt krig mot honom. Detta blev ingen succé, ty slaget vid Austerlitz var katastrofalt för österrikarna, och Preussen som förklarade krig i deras ställe besegrades vid Jena och blev av med halva sitt område. Svenskarna motades bort från Pommern av franska trupper och måste lämna alla sina vapen och hela sin tross för fritt avtåg. En avdelning som stod vid Lübeck tillfångatogs av den franske marskalken Jean Baptiste Bernadotte. Han var mycket artig och förekommande mot sina fångar, en omtanke som gav stort utbyte med tiden.

En ryskfransk drabbning i juni 1807 vid en plats som hette Friedland blev också en seger för Napoléon, och i juli möttes han och kejsar Alexander i det östpreussiska Tilsit och slöt fred. De ingick dessutom förbund och upprättade ett hemligt avtal av ödesdigert innehåll. Det stadgades att om Storbritannien inte inom viss tid gick med på ett fredsförslag som tsaren skulle framställa, så skulle Frankrike och Ryssland såsom allierade uppmana regeringarna i Stockholm, Köpenhamn och Lissabon att omedelbart stänga sina hamnar för engelsmännen och förklara dem krig. För den händelse Sverige vägrade skulle de förbundna uppträda som dess fiender, och förmå Danmark att göra detsamma. Det så kallade kontinentalsystemet, som var Napoléons främsta vapen i kriget mot England, skulle därmed komma att omfatta alla kuster och hamnar på Europas fastland, och all handel med England skulle vara blockerad och förbjuden.

Engelsmännen lär inte ha haft full kännedom om avtalet i Tilsit när de i augusti 1807 sände stora flottstyrkor till Öresund. De visste emellertid vad de ville. Danmark ställdes inför valet mellan krig och en allians som innebar att danska flottan skulle ställas till Englands förfogande. Den 8 augusti avvisade kronprins Frederik anbudet om allians på sådana villkor. Den 13 augusti gick engelsmännen till attack och landsatte trupper på Sjælland, och den 2 september inleddes ett våldsamt bombardemang av Köpenhamn. Danmark kapitulerade fem dagar senare, och i oktober släpade britterna iväg hela den dansknorska örlogsflottan: sjutton linjeskepp, tolv fregatter, åtta briggar och en del mindre fartyg. De förstörde också varvet på Holmen och tre stora skepp som var under byggnad där.

Under sådana förhållanden är det begripligt att danskarna kastade sig i Napoléons armar och undertecknade en traktat om allians någon vecka senare. Kronprins Frederik hade väl knappast något val, ty stora franska truppstyrkor fanns i Tyskland, redo att marschera upp på Jylland om så blev nödvändigt. Napoléon stod vid denna tid på höjden av sin makt. Neutralitet var inte längre möjlig, och det brittiska överfallet hade gjort det lättare för danskarna att välja sida.

Gustaf IV Adolf i Sverige vägrade som väntat att ansluta sig till den franskryska alliansen och kontinentalsystemet. I februari 1808 överskred ryska trupper då finska gränsen på bron över Kymmene älv, och tre veckor senare förklarade Danmark krig mot Sverige i kraft av sin allians.

Tre svenska armékårer stod uppställda i Skåne, Värmland och Jämtland, och det var meningen att de med engelsk hjälp skulle erövra och ockupera antingen Norge eller Sjælland. Krafterna räckte dock inte alls för något sådant. Den danska krigsförklaringen följdes för övrigt inte av några krigshandlingar, och stort lugn rådde alltså mestadels på denna front. En svensk framryckning över gränsen på sommaren 1808 stoppades efter norska segrar över smärre förband vid Toverud, Trangen och Prestebakke. För övrigt förekom bara skärmytslingar mellan förposter, och i december 1808 slöt militärbefälet på ömse sidor ett avtal om vapenvila.

Kriget i Finland är besjunget av Johan Ludvig Runeberg i »Fänrik Ståls sägner« och några andra dikter som tillhör den svenska litteraturens yppersta. Den finska armén drog sig planenligt tillbaka undan den till en början inte alltför överlägsna ryska, som därför utan hinder utbredde sig över hela södra Finland, besatte Åbo, ockuperade Åland och tillfälligt överskeppade en styrka även till Gotland. Sveaborg, stödjepunkten för en planerad svensk motoffensiv, belägrades och gav sig utan strid. Därmed var Finland de facto förlorat för Sverige, vilket formellt fastslogs den 17 september 1809, då freden undertecknades i Fredrikshamn.

För Danmark betydde kriget mot engelsmännen idel motgångar och förluster allt framgent. Kolonierna i främmande världsdelar ockuperades strax, förbindelserna med Island och Färöarna blev svåra att uppehålla, och inte ens trafiken till och från Norge fortgick ostörd. Det var nödvändigt att upprätta en självständig interimsregering där. Dess ledare blev prins Christian August av Augustenborg som tillika var överbefälhavare i landet.

De direkta krigsoperationerna gentemot Norge förblev dock obetydliga. En engelsk eskader sprängde visserligen befästningarna på Flekkerøy utanför Kristiansand, men helt annan räckvidd hade förlusten av norska fartyg som togs i beslag, sammanlagt mer än en tredjedel av handelsflottan. Dessutom stoppades naturligtvis all export, vilket ledde till allmän likviditetskris i Norge, vars försörjning med spannmål även blev mycket besvärlig.

Revolution i Sverige i mars 1809 avsatte icke blott Gustaf IV Adolf utan gjorde dessutom slut på det gustavianska enväldet. Den nya regeringsformen, som kom att gälla i Sverige i halvtannat århundrade framåt, undertecknades den 6 juni av riksföreståndaren hertig Carl som därpå hyllades såsom Sveriges konung Carl XIII. Han var emellertid barnlös, och till tronföljare valdes därför inom kort ingen mindre än prins Christian August av Augustenborg, som hade haft ett finger med i revolutionen såtillvida att han hade lovat att inte oroa gränsen när den svenska västra armén marscherade från Värmland mot Stockholm under befäl av den upproriske överstlöjtnanten och skriftställaren Georg Adlersparre. Denne drömde om en skandinavisk union, en tanke som främjades även av den norske regeringsmedlemmen Herman Wedel Jarlsberg, som stod Christian August nära.

Christian August nämnde i det längsta ingenting om svenskarnas anbud för Frederik VI, vilken själv hade framträtt som tänkbart statsöverhuvud i en eventuell nordisk enhetsstat. Kungen hade dock sina aningar. Alltifrån maj 1809 utfärdade han den ena ordern efter den andra om norsk offensiv mot Göteborg, men Christian August hörde inte på det örat.

Först i slutet av juli 1809, då det kom officiellt bud om tronföljarvalet, lät han kungen förstå att han ville tacka ja. Kungen svarade med att utnämna honom till fältmarskalk och ståthållare, vilket gjorde det svårt för honom att acceptera svenskarnas val utan att tappa ansiktet inför norrmännen. Emellertid var kriget på upphällningen, och sedan fred hade slutits i Jönköping i julmånaden kunde Christian August bege sig till Stockholm som svensk tronföljare, men då hade han måst lämna regeringen i Norge. Unionsplanen hade misslyckats.

Hans bana som svensk kronprins, vilken började med att

han ändrade sitt namn till Carl August, blev inte lång. I maj 1810 ramlade han plötsligt av hästen under en militärövning på Kvidinge hed i Skåne, tydligtvis drabbad av hjärtslag. Lömska rykten kom genast i svang om att han hade blivit förgiftad av högadliga personer som hade velat bereda väg till tronen för den avsatte Gustaf IV Adolfs son. Resultatet blev ett pöbeluppträde som lyckligtvis är enastående i Sveriges annaler: riksmarskalken Axel von Fersen, som sin plikt likmätigt åkte närmast före den döde kronprinsens kista när liktåget drog in i Stockholm, drogs ner och misshandlades till döds av en skränande skock som inte alls tillhörde samhällets lägsta socialgrupper. Ordningsmakten ingrep inte, trupperna på Riddarhustorget förhöll sig passiva.

Redan på sommaren 1810 samlades en svensk riksdag i Örebro för att bestämma vad man skulle ta sig till i tronföljdsfrågan. Kung Frederik VI hade formligen sökt platsen, men på den lösningen reflekterade inte många i Sverige eftersom den kunde medföra konstitutionella bekymmer, ty i det dansknorska riket rådde alltjämt envälde. Adlersparre hade bestämt sig för den döde augustenborgarens äldre bror, och Carl XIII lutade mest åt det förslaget. Han skickade ett par kurirer till Paris för att inhämta Napoléons samtycke till dennes eventuella upphöjelse.

Den ene av dessa sändebud var en trettioårig löjtnant vid namn Carl Otto Mörner. Han överlämnade ordentligt Carl XIII:s brev till Napoléon men tog därpå itu med att bedriva storpolitik alldeles privat. I den svenska nationens namn hörde han sig för hos marskalk Masséna och kejsarens styvson Eugène de Beauharnais om någon av dem möjligen hade lust att bli kung av Sverige med tiden. Båda tackade nej, och han lät då frågan gå vidare till marskalk Jean Baptiste Bernadotte, vilken visade stor förtjusning inför anbudet.

Herman Wedel Jarlsberg

På riksdagen i Örebro behandlades tronföljdsfrågan av ett hemligt utskott, som nästan enhälligt samlade sig kring augustenborgaren. Den 11 augusti överlämnades utskottets yttrande till regeringen, men samma dag anlände till Örebro en fransk vicekonsul vid namn Fournier, försedd med sådana papper att han omedelbart blev mottagen av utrikesminister Lars von Engeström, vilken till sin förvåning fick mottaga ett tandpetaretui av elfenben med miniatyrporträtt av marskalk Bernadottes fru Désirée och hans son Oscar. Fournier träffade även andra inflytelserika personer denna dag, och under den följande natten togs hundratals avskrifter av ett papper som handlade om den franske marskalkens stora rikedom – han var fyrfaldig miljonär nämligen – och alla de fördelar som det utblottade Sverige kunde tänkas få av den. Annat propagandamaterial följde slag i slag och hade häpnadsväckande effekt; till och med hemliga utskottet började genast vackla. Den 16 augusti överlämnade det till konungen ett nytt betänkande där det till svensk tronföljare föreslog hans höghet Johan Baptist Bernadotte, furste av Ponte Corvo. Samma dag anslöt sig statsrådet enhälligt till utskottets förslag. Den 18 augusti överlämnades en kunglig proposition till ständerna, och den 21 var dessa mogna att enhälligt utkora fursten av Ponte Corvo till Sveriges kronprins på villkor att han antog den rena evangeliska läran. Valutgången firades med väldigt kalas i alla stånd, och i prästeståndet utbringades en berömd skål av den fryntlige ärkebiskop Lindblom: »För den nye frälsaren – den gamle icke till förgätande!«

Den plötsliga och fullständiga strömkantringen vid valriksdagen i Örebro är en i svensk politik enastående händelse, och många samtida tyckte att det hela var i obetänksammaste laget. Emellertid blev resultatet ju bestående.

Greve Herman Wedel Jarlsberg var med om att stifta Det kongelige Selskab for Norges Vel, vars första krav var ett eget universitet i Norge. Frederik VI som var emot allt som kunde innebära norskt fjärmande från det danska riket avvisade projektet såsom underkastat nära nog oövervinneliga svårigheter, som han uttryckte saken. Han var inte okunnig om Wedel Jarlsbergs svenska kontakter, och då det på nyåret 1811 gick rykten om svenska planer på att erövra Norge kallades greven plötsligen till Köpenhamn. Efter att ha bränt en del brev och annat dök han upp där efter bara någon vecka, och då hade kungen ännu inte lyckats få fram något komprometterande material utan måste i all hast hitta på en förklaring till den oväntade kallelsen. Han drog då till med universitetsfrågan och satte Wedel Jarlsberg till att utreda den. Tre veckor senare igångsatte Det kongelige Selskab for Norges Vel en subskription av pengar till ett universitet och fick på kort tid ihop mycket stora summor. Universitetet kom alltså till, och en landsomfattande nationalfest med anledning av detta hölls den 11 november 1811, där den vaknande norska fosterlandskänslan gick ihop med stor tacksamhet mot den danske konungen, som åtminstone på kort sikt blev populärare i Norge än någonsin tidigare.

Den ryskfranska vänskapen var nu på upphällningen, och Jean Baptiste Bernadotte, vilken som svensk kronprins hade antagit namnet Carl Johan, spanade ivrigt och fördomsfritt efter de olika möjligheter som kunde erbjuda sig för honom i den nya stormaktsuppgörelse som var att vänta. Han förhandlade ett slag med Napoléon om en militärallians på villkor att han fick ta Norge från danskarna, och eftersom det tilltänkta förbundet var riktat mot Ryssland tänkte han sig väl att Finland skulle tas tillbaka på samma gång. Dessa förhandlingar strandade genast, ty Napoléon var mycket missnöjd med svenskarnas sätt att sköta det krig mot England som de nyligen hade tvingats att förklara. Några stridshandlingar förekom nämligen inte, och Göteborg var en viktig transitohamn för brittiska varor, som därifrån fraktades vidare till Tyskland såsom svenska. I början av år 1812 ilsknade Napoléon till på allvar och lät sina trupper rycka in i svenska Pommern för att täppa till denna lucka i kontinentalblockaden. Resultatet blev att Carl Johan trädde i förbindelse med England och Ryssland, hela tiden med territoriella landvinningar i sikte. Av britterna begärde han tillstånd att ta Norge och Sjælland, vilket omedelbart avslogs. Ryssarna hade däremot ingenting emot en svensk expansion åt väster, så i april 1812 undertecknades en traktat som utlovade rysk hjälp till att erövra Norge mot att Sverige gav upp alla aspirationer ifråga om Finland.

Svenskarnas överraskning blev stor när en urtima riksdag på försommaren fick klart för sig att Carl Johan tänkte ta parti för Ryssland mot Napoléon. Hans auktoritet var dock sådan att han raskt fick igenom en rad obekväma beslut om värnplikt, om inskränkning av tryckfriheten och om avskrivning av statens skulder till finansiärer i Frankrike och det franskockuperade Holland, något som borgarståndet fann ohederligt och röstade nej till.

Napoléons stora armé gick till större delen under i den ryska vintern 1813, och när våren kom möttes han i Tyskland av en koalition av ryssar, svenskar, britter, preussare och österrikare. Carl Johan befann sig där i spetsen för en armé som endast till ringa del var svensk. Han segrade vid Gross-Beeren, där en svensk artilleriavdelning under en tyskfödd överste var med på ett hörn, och vid Dennewitz, där tolv svenskar blev sårade medan tiotusen preussare stupade. Han deltog också i det stora slaget vid Leipzig i oktober 1813, där 108 svenskar fick bita i gräset medan deras allierade miste 54 000 man. Den svenska insatsen i kriget mot Napoléon var alltså blygsam, och Carl Johan förde i själva verket sitt privata krig.

I Norge var det oroligt lite varstans under år 1813, ty den engelska blockaden hade framkallat livsmedelsbrist. Svenska agenter som Georg Adlersparre hade värvat rapporterade hem att missnöjet var stort med den danska utrikespolitiken och även med Frederik VI personligen. Herman Wedel Jarlsberg var fortfarande för en union med Sverige men

Kronprins Christian Frederik

litade inte riktigt på Carl Johan. Andra norrmän satte sitt hopp till Frederik VI:s kusin och tronföljare Christian Frederik, en ung, vacker och charmerande person, som i den värsta kristiden fick efterträda sin föga populäre släkting Frederik av Hessen såsom ståthållare i Norge. En tidig majmorgon steg han i land på ön Hvaler utanför Fredrikshald efter en riskabel resa med en liten fiskebåt över Kattegatt, som behärskades av främmande krigsfartyg och kapare. Han var tjugosex år och alldeles oerfaren i både politiska och militära värv, men han hade en äldre vän som hette Carsten Anker, tidigare direktör för Det Asiatiske Compagnie i Köpenhamn och London men också ägare till Eidsvolds järnbruk, där han residerade alltifrån 1810. Prinsen fick gott stöd även av andra norska affärsmän och företagare. Han gjorde vad han kunde för att vinna också Herman Wedel Jarlsberg, vilket lyckades rätt bra.

Kriget mellan Danmark och Sverige, vilka hade hamnat på var sin sida i den stora europeiska konflikten, utbröt officiellt i september 1813, och av Frederik VI beordrades den nye norske ståthållaren att gå till attack i riktning mot Göteborg. Ordern åtlyddes inte. Tvärtom slöt Christian Frederik ett avtal med fältmarskalk Hans Henrik von Essen, som förde befälet på den svenska sidan, om att fiskare och bönder på ömse sidor om gränsen skulle få arbeta ostörda och att gränsvakterna vid Svinesund skulle vara neutrala. Avtalet hölls på det hela taget obrottsligt, och de fåtaliga incidenter som inträffade klarades raskt upp. En norsk rekognosceringspatrull som knyckte en skjorta, en kaffekokare och ett par stövlar från en bonde i Sverige ställdes inför krigsrätt efter svenska klagomål, och bytet återställdes till ägaren.

Efter segern vid Leipzig skilde sig Carl Johan från de övriga allierade och förde sina trupper via Lübeck mot Danmark. Han hade fyrtiotusen man av många nationaliteter mot danskarnas tiotusen och det hjälpte inte att danska dragoner slogs tappert mot hans förtrupp vid Bornhoved och Sehested. Sedan några fästningar hade kapitulerat gav Frederik VI upp det meningslösa motståndet och begärde vapenvila.

Carl Johans angrepp mot Danmark kom överraskande därför att en österrikisk diplomat som hette Bombelles befann sig i Köpenhamn och förhandlade om att Danmark skulle byta sida och ansluta sig till koalitionen mot Napoléon. Ett villkor var ställt för detta, nämligen att Trondheims län skulle avstås till Sverige enligt en kompromiss som Carl Johan hade fått till stånd med stormakterna något halvår

Carl Johan

tidigare. Bombelles framställde detta som ett ultimatum, och Frederik VI såg sig tvungen att gå med på förslaget, visserligen med hemliga reservationer som gick ut på att trönderna i Norge inte skulle finna sig i att bli avträdda. I det nya läget skickade han sin iriske kammarherre Edmund Bourke i sällskap med Bombelles till det svenska högkvarteret i Kiel.

Carl Johan avvisade det österrikiska medlingsförslaget och krävde att hela Norge skulle avstås till Sverige, antingen omedelbart i utbyte mot svenska Pommern och svensk avmarsch från det ockuperade Holstein, eller också bitvis mot passande gottgörelse senare. På trettondagen 1814 såg sig Frederik VI nödsakad att ge med sig, och natten mellan den

14 och 15 januari undertecknades freden i Kiel. Konungen av Danmark avsade sig där för sig själv och sina efterträdare all rätt till Norge till förmån för konungen av Sverige. Han skulle i vederlag få svenska Pommern och ön Rügen, men Färöarna, Island och Grönland skulle fortfarande lyda under Danmarks krona. Att dessa snarare hörde till Norge än till Danmark visste nämligen varken Carl Johan eller den svenske chefsförhandlaren, hovkansler Gustaf af Wetterstedt.

I det första utkastet till Kieltraktaten stod att Norge skulle höra till Sverige och inkorporeras däri, men detta ändrades av Carl Johan till att Norge skulle vara ett kungarike i förening med Sverige: *un Royaume, et réuni à celui de Suède*. Ändringen kan bero på att Adlersparres agenter hade lovat Herman Wedel Jarlsberg och andra norska unionsvänner något i den stilen, men förmodligen var det också så att Carl Johan ännu inte kände sig säker på sin svenska tron. Han ville kanske ha Norge i reserv.

Efter det ödesdigra slaget vid Leipzig skrev Christian Frederik till Frederik VI och föreslog att Norge skulle få göra uppror mot danska kronan innan denna tvingades att avträda landet till svenskarna. Frederik VI avvisade tanken att börja med, men efter Bombelles ultimatum antydde han själv att en resning i Trondheims län inte skulle vara honom emot. I detalj vet ingen vilka baktankar han kan ha hyst när han i ett öppet brev tog avsked av vad han kallade sitt Kjære Norge, men vid samma tid gav han order om stora spannmålsleveranser dit. Proviant får inte saknas om uppror skall lyckas.

Med eller utan Frederik VI:s tysta bifall hade Christian Frederik förberett sin resning redan innan Kieltraktaten förelåg. En energisk nationalpropaganda sattes i gång, och själv gjorde han en resa till Trondheim och höll patriotiska tal till ämbetsmän, soldater, borgare och bönder. Fredsbestämmelserna från Kiel väckte naturligtvis sorg och förbittring på många håll i Norge, ty breda folklager kände sig svikna och förrådda av kungligheternas uppgörelse. Ämbetsmännen såg sina befordringsmöjligheter beskurna när enhetsstaten upphörde, och finansmän och företagare såg inga fördelar i att få med Stockholm i stället för Köpenhamn att göra. Undantag fanns, framför allt kretsen kring Wedel Jarlsberg, som själv råkade befinna sig i Danmark denna vinter då Skagerak var fullt av is. Klart intresserade av union med Sverige var brukspatronerna Severin Løvenskiold, Peder Anker och Jacob Aall. Men folkets flertal var säkert mottagligt för Christian Frederiks appeller. »Heller dø først som sidst med Sværd i Haand end at dø langsomt som Slaver for Svenskerne.«

Till Christian Frederiks närmaste vänner och rådgivare hörde som redan är sagt brukspatronen Carsten Anker på Eidsvold. Hans slottsliknande direktörsvilla där var på många sätt prinsens fasta punkt i Norge, och i februari 1814 inbjöds dit tjugoen framstående norska patrioter, varav visserligen bara åtta var födda i Norge. Christian Frederik hade tänkt låta utropa sig till enväldig norsk konung i kraft av sin arvsrätt, men professor Georg Sverdrup som hörde till de utvalda gjorde gällande att han inte hade någon arvsrätt alls till Norge och lyckades förmå honom att först och främst inkalla en riksförsamling för att ge landet en konstitution.

Tämligen formlösa val till en norsk riksförsamling ägde rum i mars 1814 och fick ihop 112 deputerade, varav 33 militärer och 24 civila ämbetsmän, 18 företagare eller affärsmän och 37 bönder. Samtidigt organiserades raskt en norsk centralförvaltning för den mängd ärenden som dittills hade avgjorts i Köpenhamn. Fem regeringsdepartement upprättades och ett konsultativt råd tillsattes för att sammanträda två gånger i veckan under regentens ordförandeskap.

Christian Frederik satte också i gång en stor utrikespolitisk offensiv för att få stormakterna att sätta sig emot verkställigheten av Kielfreden, men detta lyckades inte. Carsten Anker, som skickades till London i sådana ärenden, fick av brittiske premiärministern veta att om norrmännen inte gjorde sig av med Christian Frederik så skulle Storbritannien hjälpa Sverige att erövra Norge. Hänvändelser till oppositionsledarna i parlamentet ledde visserligen till att frågan om Norges frihet togs upp till debatt, men de norska önskemålen röstades ner med stor majoritet.

Vid påsk 1814 var de 112 medlemmarna av riksförsamlingen omsider samlade på Eidsvold. Resorna hade varit långa och besvärliga för många av dem, och deras logi i gårdarna omkring järnbruket var i allra enklaste laget, men mötet hölls i alla fall samlat i sex veckor. Två grupper formade sig genast och fick heta oppositionspartiet och prinspartiet; eftervärlden kallar dem hellre för unionspartiet och självständighetspartiet. Det förstnämnda bestod mest av aristokratiska kapitalister och dignitärer från södra och östra Norge, det sistnämnda bars upp av affärsmän och jurister från västlandet. Ledare på ömse sidor var Herman Wedel Jarlsberg och sorenskriver Christian Magnus Falsen, vilken blev ordförande i ett konstitutionsutskott. Han fick majoritet i församlingen för det mesta i sina förslag till grundlag, först och främst för den grundläggande föreskriften att Norge skulle vara ett självständigt rike och en ärftlig monarki. Oenigheten var dock mycket stor i riksförsamlingen med många insinuationer och kränkande tillmälen. Unionspartiet önskade svag kungamakt, starkt statsråd och aristokratiskt samhällsskick, självständighetspartiet ville ha stark kungamakt och rättade sig i viktiga frågor efter Christian Frederik, som mer än en gång hotade partiledarna Falsen och Sverdrup med att han om han inte fick sin vilja fram kunde lämna Norge åt dess öde.

Eidsvolds järnbruk

Två paragrafer i grundlagsförslaget höll möjligheten öppen för återförening med Danmark, en annan paragraf var särskilt riktad mot Carl Johan: »Kongen skal stedse have bekjændt og bekjænde sig til den evangelisk-lutherske Religion.« Andra omstridda paragrafer gällde inrikespolitiska förhållanden som allmän värnplikt samt upphävande av adelns och vissa näringsidkares privilegier.

Sådan den till sist blev utformad var den norska grundlagen från Eidsvold mycket radikal för sin tid. Bortåt hälften av alla norska män över tjugofem år tillerkändes rösträtt, vilket låter snålt i nutida öron men bör jämföras med att endast fem procent av Sveriges befolkning gavs rösträtt genom den svenska riksdagsreformen 1866. Det norska stortinget fick från början två kamrar som kallades odelstinget och lagtinget, men om de var oeniga om ett förslag skulle detta gå till gemensam votering, där två tredjedels majoritet betydde att det var antaget. I praktiken fick Norge alltså enkammarriksdag.

Den 17 maj 1814 var grundlagen i hamn. Unionspartiet gjorde ett sista försök till motstånd genom att föreslå att kungavalet borde uppskjutas tills det utrikespolitiska läget hade klarnat, men förslaget avvisades med buller och bång och buande. Därpå valdes Christian Frederik enhälligt till konung av Norge, och Georg Sverdrup som var ordförande i riksförsamlingen tillkännagav med ståtligt dånande röst:

»Reist er altsaa inden Norges Enemærker Norges gamle Kongestol, som Adelstener og Sverrer beklædte og hvorfra de med Visdom og Kraft styrede gamle Norge.«

I Stockholm hade det varit Te Deum i kyrkorna och stor illumination på profana platser när budskapet om freden i Kiel nådde dit, men rykten om Christian Frederiks självständighetspolitik kom snart till de styrandes öron, och till Norge skickades i februari 1814 överste Carl Erik Skjöldebrand och landshövding Axel von Rosen för att ta reda på vad det var frågan om. De togs emot i audiens av Christian Frederik, men inte privat utan i närvaro av ett antal framstående norrmän, och Carsten Anker läste upp prinsens proklamationer i fransk översättning för detta sällskap. De båda svenska herrarna marscherade ut.

I slutet av maj 1814 kom Carl Johan tillbaka till Sverige från sitt tyska fälttåg och satte i gång med att gruppera sina styrkor längs norska gränsen. I slutet av juni kom fyra kommissarier från stormakterna till Norge efter att först ha besökt Köpenhamn och låtit sig övertygas om att Frederik VI inte kunde rå för den norska resningen. De togs emot av Christian Frederik med ett tal där han sade sig vara besviken på stormakterna, som ville göra Norges folk till slavar under svenskarna samtidigt som de gav frihet åt tyskar och spanjorer. Kommissarierna, som hade kommit bara för att se till att Kieltraktatens bestämmelser uppfylldes, blev förvirrade, men några dagar senare lade de i alla fall fram ett föreläggande som gick ut på att Christian Frederik skulle lägga sin makt i stortingets händer och göra allt för att Norges folk skulle gå in i unionen med Sverige. Alla norska trupper skulle dras bort från området öster om Glomma, fästningarna Fredriksten, Fredrikstad och Kongsvinger skulle besättas av svenskarna, och i gengäld skulle blockaden av en rad norska städer hävas.

Christian Frederik, som själv hade inspirerat kommissarierna till den där formuleringen om makt i stortingets händer, ville inte låta svenskarna besätta fästningarna, som i stället borde överlåtas åt borgargarden i de berörda städerna, men i övrigt godtog han kommissariernas krav. Han tog därpå itu med att omarbeta grundlagen från Eidsvold så att den skulle fungera även under den framtvungna unionen med Sverige. Konungen av detta land skulle få stå för den gemensamma utrikespolitiken, men en vicekonung skulle regera Norge med stor myndighet i det inre.

Stormaktskommissarierna var införstådda med allt detta när de i mitten av juli mötte den svenske kronprinsen i Uddevalla. De gjorde vad de kunde för att få honom att gå med på Christian Frederiks modifikationer, men Carl Johan var obeveklig. Kommissarierna hade skickats till Norge på hans önskan för att genomdriva fredskraven från Kiel, men deras sympatier hade mer och mer hamnat på Christian Frederiks sida. De skildes från Carl Johan i mycket kylig stämning.

Någon vecka senare gick denne till attack.

Krigsförklaringen överlämnades den 26 juli till de norska förposterna vid Svinesund. Tre veckor senare, den 14 augusti, slutade kriget med den viktiga konventionen i

Moss. Mellan dessa data hade en del skottväxling ägt rum, men något egentligt fältslag kom aldrig till stånd. Den svenska armén omfattade ungefär 45 000 man, den norska på sin höjd 25 000. Även svenska flottan var numerärt mycket överlägsen den norska. Den norska försvarsplanen var känd i det svenska högkvarteret redan innan fientligheterna började. De svenska trupperna hade till någon del varit med om kriget i Tyskland, de norska var i stort sett oövade. Deras ledning var svag, reträtterna många, deserteringen avsevärd. Retoriken om att hellre dö än förslavas i bojor av svenskarna tystnade snart.

Men allt var inte väl beställt på den svenska sidan heller. Carl Johan, säger generalmajoren Gustaf Björlin som har skrivit en hel bok om detta krig, hade hört att norrmännen kände förfäran för regementet Royal Suédois, som hade rykte om sig att äta gräshoppor och annat otäckt; han överförde därför detta förband till en av sina anfallande brigader. Krigskommittén som hade med härens försörjning att göra uppväckte samtidigt hans vrede, ty den var en byråkratisk inrättning som lät baka bröd på stort avstånd från trupperna och packade det i lårar som måste transporteras ända till trettio mil. Bättre skötte sig de svenska pontonjärerna, som nämligen slog bro över Svinesund på trettio minuter. En glädjerik episod inträffade även med kapten Olof Johan Södermark, den framstående porträttmålaren som var adjutant hos fältmarskalk von Essen; han vadade över Tistedalselva och fick då en studsarkula för bröstet men räddades av kartor och papper som han av tjänstenit ständigt bar på sig.

Illa gick det för ett svenskt detachement som slogs tillbaka vid Lier söder om Kongsvinger och under återtåget angreps vid Skotterud nära Värmlandsgränsen; det förlorade över trehundra man i döda, sårade och fångar förutom trettiosex skjutna hästar. Fredrikstens fästning som bombarderades flitigt av dåligt svenskt artilleri höll också stånd, ty en

Konventionsgården i Moss

krutgubbe som hette Ohme förde befälet där. Men i övrigt gick den svenska framryckningen planenligt.

Redan efter åtta dagars krig hände det sig att Carl Johan fick kontakt med det förutvarande statsrådet Carsten Tank, som var träpatron i Fredrikshald och hade sin egendom Rød i stridsområdet. Den 6 augusti skickade han denne och en lokal prost till det norska högkvarteret och erbjöd vapenvila på villkor som var resonabla. Christian Frederik skulle lägga sin makt i stortingets händer och lämna landet. Carl Johan skulle godkänna grundlagen från Eidsvold med de ändringar som kunde betingas av unionen med Sverige.

Den 13 augusti var norska statsrådet samlat i Moss, och även Falsen och Sverdrup var ditkallade. Christian Frederik ville anta Carl Johans anbud. Statsrådet var emellertid av annan mening och ansåg att man borde våga en ordentlig drabbning för nationens och krigsmaktens ära. Christian Frederik böjde sig för detta krav och utfärdade en del order i enlighet därmed, men en halvtimme senare gav han kontraorder utan att informera statsrådet.

Man kan fråga sig vad hans kraftlösa handlande kan ha berott på. Förvisso var han ingen stridens man. Men det kan hända att hans defensiva hållning också hade att göra med hans ställning som dansk tronföljare. Stormakterna pressade Frederik VI hårt, och om Christian Frederik ville återvända till Danmark hade han inte råd att låta spänningen bli alltför stark.

En annan fråga som åtskilliga historieskrivare har ställt sig gäller Carl Johans skäl till kriget och till vapenvilan. Enligt Kielfreden skulle han ha betalat 600 000 riksdaler till Frederik VI för Norge, men denne hade ju inte gett honom landet utan nödgat honom att ta det med våld, och då slapp han förstås att gälda köpeskillingen. Argumentet är antagligen värt att tas på allvar, ty Carl Johans ekonomiska sinne var utomordentligt väl utvecklat, och Sveriges finanser var särdeles usla. Men huvudskälet till att han vädjade till vapnen måste väl ändå ha varit en känsla av att stormakternas vilja att stå på hans sida kunde vara på glid alldeles som deras utsända kommissariers sympatier.

Förbittringen över reträtten och kompromissen var stor på många håll i Norge, särskilt i västlandet. I det urtima storting som sammanträdde den 11 oktober 1814 hade ombuden från Bergen förpliktat sig att rösta för fortsatt kamp, men på andra håll hade många självständighetsmän ändrat åsikt och ansåg unionen oundviklig. Den godtogs också med 72 röster mot 5 vid detta storting, och de fem nejrösterna tillhörde representanterna från Bergen med deras bundna mandat. Mest framträdande av dem var klarligen sorenskriver Wilhelm Frimann Koren Christie som valdes till stortingspresident. Greve Herman Wedel Jarlsberg som i alla tider hade arbetat för union med Sverige kom aldrig att inta någon ledarroll i norsk politik, som faktiskt hade utstakats av den slagne Christian Frederik när han hittade på att lägga sin krona och sin makt i stortingets händer. Valet av den svenske konungen till konung även av Norge ägde nämligen rum först efter det att ändringarna i grundlagen hade genomförts i stortinget.

För svenskarna betydde unionen med Norge en nationell uppryckning som kändes välbehövlig efter förlusten av Finland och det ärelösa kriget mot ryssarna i Västerbotten fem år dessförinnan. En viss patriotisk pösighet gjorde sig otvivelaktigt märkbar åtminstone i militära kretsar, som gärna identifierade Sveriges intressen med konungens även i hans egenskap av norsk monark.

En svensk delegation som skulle förhandla om ändringarna i grundlagen befann sig i Christiania redan när stortinget fattade sitt beslut om union. Statsrådet Matthias Rosenblad, hovkansler Gustaf af Wetterstedt och ytterligare tre herrar ingick i den, och alla fällde de glädjetårar vid budet om hur omröstningen utfallit. De ställde därpå till ett väldigt kalas för alla stortingsmännen och åtskilliga andra, men de blev djupt besvikna när stortinget någon vecka senare antog ett förslag till en grundlagsparagraf som gick ut på att kungen i ett försvarskrig skulle få använda norska styrkor i Sverige och svenska styrkor i Norge endast i begränsad omfattning.

Carl Johan blev ursinnig när han fick rapport om detta och hotade att börja krig igen, och då frångick stortinget sitt beslut och antog i stället ett svenskt förslag, enligt vilket kungen skulle ha rätt att dra tretusen man åt ömse håll över gränsen för gemensamma vapenövningar i sex veckor om året. I gengäld inskränktes kungens myndighet i utrikesärenden något genom en ny paragraf till grundlagen från Eidsvold. För övrigt tillerkändes Norge egen flagga, egen riksbank och eget mynt. Det norska statsrådet skulle delas på så sätt att statsministern och två andra ministrar skulle befinna sig hos konungen i Stockholm. Denne hade inte rätt att börja krig eller sluta fred utan såväl det norska som det svenska statsrådets gillande.

Intressant är att denna sistnämnda bestämmelse kom till på de svenska förhandlarnas förslag, säkert därför att de ville hindra konungen att föra egen utrikespolitik i sin egenskap av Norges regent. Grundlagen från Eidsvold gav nämligen konungen rätt fria händer i denna viktiga sak.

I Sverige fanns alltjämt ståndsriksdag. Den var inte alls så reaktionär som eftervärlden gärna vill tro, ty i Riddarhuset hade även knapadeln säte och stämma, men den var en mycket tungrodd apparat i jämförelse med Norges moderna storting, som med tiden kom att stå som ett mönster för de ofrälse i Sverige.

Det norska storting som samlades 1815 illustrerade dock icke höjden av demokrati. Det omfattade 39 ämbetsmän, 29 bönder, 14 köpmän och 5 andra personer. En bonde som hette Ole Olsen Aaset agiterade flitigt mot ämbetsmännen som han kallade det tärande ståndet i motsats till det närande, men allmogen valde tydligtvis ämbetsmän till sina representanter likafullt.

Vid 1818 års svenska riksdag framlade konungen ett förslag till tillägg till unionsavtalet mellan Sverige och Norge. Enligt detta skulle det vara förbjudet att i Sverige trycka något smädligt eller förgripligt om norska nationen, dess styrelseformer, lagar, medborgarklasser och allmänna inrättningar, och detsamma skulle vice versa gälla i Norge. Författare som bröt mot detta skulle straffas med fängelse från tre

Riddarhuset i Stockholm

månader till två år, och tidningsutgivare skulle få dubbelt straff. Uppmaning till upplösning av unionen skulle straffas som förräderi, och skrift som hade till ändamål att inskränka brödrafolkets friheter eller rättigheter skulle straffas med landsflykt. Ständerna gjorde en del ändringar i förslaget och förkastade det slutligen.

Till kunglig ståthållare i Norge sattes att börja med fältmarskalken Hans Henrik von Essen, som inte alls var glad åt uppdraget och kände sig förvisad bland vad han kallade detta vilda och mörka folk. I »Biographiskt Lexicon öfver namnkunnige svenska män« kan läsas att han vann norrmännens aktning och kärlek genom sitt lugna och jämna uppförande »ehuru han kraftigt satte sig emot deras republikanska sträfvanden och särdeles i början nödgades afvisa deras försök att alltför familiert umgås med Riksståthållaren«. Att döma av detta någorlunda samtida vittnesbörd var han nog inte rätt person på denna höga post. Redan 1816 efterträddes han också av den stockholmske överståthållaren greve Carl Mörner, som etablerade sig bättre och blev nära vän med Herman Wedel Jarlsberg som ju också var greve. Carl Johan tyckte inte om den förtroligheten, och en av hans första åtgärder efter trontillträdet 1818 var att byta ut Mörner mot ännu en svensk greve, generalen Johan August Sandels, han som enligt Runebergs berömda dikt satt i Pardala by och åt frukost i godan ro. Även i Norge gav han rejäla kalas och fick nog också en viss förståelse för den politiska atmosfären där, vilket Carl XIV Johan förvisso inte hade.

År 1827 upprättades Norges första fasta teater av en svensk som hette Johan Peter Strömberg, och där gavs på unionsdagen den 4 november en festföreställning som blev utvisslad av publiken. Kungen såg i detta ett hot mot unionen och ersatte genast Sandels med en annan riksståthållare som ansågs ha starkare nypor: Baltzar Bogislaus von Platen, upphovsmannen till Göta kanal. I Norge, säger dennes levnadstecknare i Biographiskt Lexicon, »vann han väl icke kärlek – dertill var hans lynne för sträft, hans tänkesätt för konungska, hans seder för orepublikanska – men dock aktning«. Han dog av kräfta redan 1829 efter en rätt bråkig ämbetsperiod. Det var kravaller på Stortorget på den 17 maj detta sistnämnda år; folkmassan skingrades av kavalleri med dragna sablar och infanterister med laddade gevär. Ingen människa kom till skada, men den svenske riksståthållaren omtalades icke med kärlek eller ens aktning i Christiania den dagen.

Carl XIV Johan utnämnde tills vidare ingen ny riksståthållare, och någon svensk placerades aldrig mer på denna post.

Inflation rådde i båda unionsländerna efter kriget. Räknat i engelska pund hade de svenska riksbankssedlarna förlorat två tredjedelar av sitt värde, och köpkraften av Eidsvoldsförsamlingens sedlar gick ner till femtedelen av det nominella värdet. Herman Wedel Jarlsberg som var finansminister i det första statsrådet under unionen – statsminister var hans svärfar Peder Anker som programenligt residerade i Stockholm – fick 1816 till stånd en Norges bank, vars huvudkontor förlades till Trondheim; bara en filial fanns i Christiania. Banken skulle lösa in de gamla sedlarna med statliga pengar som togs in genom en skatt; folk skulle dessutom betala en särskild summa till grundfond åt banken. Det blev oroligt i bygderna inför det här, ty bönderna föredrog naturligtvis inflation framför pålagor. En storbonde som hette Halvar Hoel organiserade diverse oppositionsmöten och hade intressant nog kontakt med den främste av Carl Johans många privata agenter i Norge, en svensk vid namn C. H. Röslein.

Den finansiella krisen i Norge förvärrades år 1818, då Danmark med stormakternas stöd krävde att Norge skulle betala in sin del av det dansknorska rikets statsskuld. Norrmännen ville att Sverige skulle vara med och dela bördan, varvid Carl Johan svarade att ifall Norge ville vara ett oavhängigt land inom unionen så var denna skuld en sak som angick Norge allena. Stortinget hade inga argument som bet på den invändningen.

Saken ordnades 1819, då skickliga norska förhandlare lyckades få till stånd ett mycket billigt avtal med danskarna: tre miljoner speciedaler silver under loppet av tio år.

En historia som verksamt bidrog till unionens impopularitet i Norge var den så kallade Bodøsaken. En engelsk affärsman som hette Ewerth åkte fast år 1818 för omfattande smuggling i det nordnorska Bodø, där norska tulltjänstemän hade tagit ett stort varulager i beslag. Han hade emellertid inflytelserika förbindelser, som icke blott möjliggjorde för honom att smita från Bodø med sitt fartyg och en del konfiskerade varor utan även satte i gång brittiske ministern i Stockholm. Denne vände sig till utrikesdepartementet där, som att börja med avvisade hans inblandning och ville ha saken hänskjuten till norsk domstol, men engelsmännen var mycket påstridiga, och Carl Johan som vid denna tid var ytterst angelägen om ett gott förhållande till Storbritannien gav till sist med sig och lät desavouera de norska myndigheterna, som rentav tvingades att betala skadestånd till smugglarna med 120 000 daler, en åttondel av statens hela årsbudget. Förbittringen i Norge var stor och allmän och riktade sig framför allt mot utrikesministern Lars von Engeström.

År 1821 antog stortinget en ny norsk flagga, utarbetad av Frederik Meltzer från Bergen. Dess grundval var Dannebrog, försedd med ett blått kors i mitten av det vita. Dittills hade norrmännen under några år använt svenska flaggan som örlogsflagga, utstyrd med ett diagonalt vitt kors på röd botten i den innersta rutan upptill, och som handelsflagga hade de fortfarande brukat Dannebrog, fast med ett gult norskt lejon överst vid stången.

Carl Johan godkände flaggan men inte stortingets rätt att utfärda lag i detta ämne. Han dekreterade att den nya flaggan kunde få användas norr om Kap Finisterre men inte i Medelhavsområdet, där Barbareskstaterna fortfarande krävde avgift av sjöfarare vilkas hemmavarande myndigheter inte hade betalat tribut. Där skulle svenska flaggan användas, så slapp Norge betala särskild avgift till sjörövarstaterna.

I juli 1821 beslöt norska stortinget för tredje gången att adelskapet skulle upphävas, och Carl XIV Johan vars suspensiva veto hade stoppat denna sak två gånger nödgades finna sig i att beslutet blev lag hans vilja förutan. Han hade försökt skrämma stortinget med hänvisningar till Kieltraktaten och reaktionerna i utlandet, men detta hjälpte alltså inte. Än mindre hade han någon framgång med sina förslag till ändringar i den norska grundlagen. Han ville framför allt ha absolut och inte bara suspensivt veto i lagfrågor. Stortinget som tog ställning till det där 1824 fällde alla hans förslag men uttalade att i grundlagsfrågor hade han obestridligen absolut veto. Det uttalandet kom att ge eko i unionstvisterna allt framgent.

Alltifrån mitten av 1820-talet firade norrmännen årligen den 17 maj. Eftersom dagen var årsdag av protesten mot Kielfreden och valet av Christian Frederik blev Carl Johan orolig och missnöjd. I längden kunde han inte hindra grundlagsfirandet, men han gjorde alltid vad han kunde.

Stortinget bevakade mycket skickligt alla tillfällen att beskära eller hålla nere unionskonungens makt. År 1822 hade det beviljat 150 000 daler till ett slottsbygge i Christiania, men 1827 vägrade det att anslå ytterligare pengar till detta med motivering att tiderna var svåra och planerna för det påbörjade bygget alltför storvulna. Stortinget ifrågasatte på detta sätt kungens rätt att binda folkrepresentationen vid vissa utgifter genom att egenmäktigt godkänna en viss plan.

Herman Wedel Jarlsberg avgick 1821 som finansminister efter en del juridiskt trassel och blev stortingspresident i stället. Hans förhållande till Carl XIV Johan hade varit spänt en tid.

Norska statsrådet beviljade 1825 pengar ur statskassan till anskaffning av två postångare – de hette »Constitutionen« och »Prinds Carl«. Stortinget, som menade att detta stred mot grundlagen eftersom det var stortingets sak att bevilja pengar, beslutade om åtal mot finansminister Jonas Collett, vilket retade Carl Johan till den grad att han upplöste stortinget och hotade att tillgripa maktmedel för att genomdriva sin tolkning av grundlagen. Riksrätt kom likafullt till stånd, och domarna fastslog att Collett hade missförstått grundlagen men kunde ursäktas och frikännas med hänsyn till omständigheterna. Domen gjorde naturligtvis konungen ännu argare, men stortinget hade omsider lärt sig att ta hans hotelser med ro. Anslaget till postångarna beviljades fem år senare, och stortinget uttalade då att saken fick passera eftersom lagbrottet nog inte skulle upprepas.

Om en norsk viking handlar ju »Frithiofs Saga« av Esaias Tegnér. Samlingen utkom i Sverige 1825 och blev genast omåttligt populär. Den fick läsare även i Norge, efterhand också i andra länder, ty den översattes raskt till åtskilliga språk.

Carl xiv Johan lärde sig aldrig svenska eller norska och var alltså beroende av medarbetare som han litade på. Hans popularitet som var stor i Sverige ännu under 1820-talet minskade efterhand, ty riksdagsoppositionen växte obevekligt, och en liberal press uppstod i hägnet av det nya statsskickets tryckfrihetsförordning. En tilläggsbestämmelse från krigsåret 1812, enligt vilken regeringen hade makt att dra in tidningar som ansågs missbruka det fria ordet, lärde sig pressen snart att parera genom att ideligen komma ut under lätt förändrat namn, en kurragömmalek som otvivelaktigt gjorde oppositionen roligare än någonsin. Ett par oförnuftiga åtal för majestätsförbrytelse i publicistiska sammanhang gav dessutom regeringens motståndare ett storartat propagandamaterial.

Det första av dessa gällde en politisk och dramatisk skriftställare vid namn Anders Lindeberg. Han hade begärt att få upprätta en enskild teater i Stockholm men fått avslag, och han skrev då en vredgad inlaga där han påstod att konungen uppehöll ett olagligt teatermonopol »sig till vinning«. Att skriva sådant var majestätsbrott för vilket lagen alltjämt stadgade dödsstraff, och Svea hovrätt såg sig alltså tvungen att döma honom till döden. Det var inte meningen att denna dom skulle verkställas. Men Lindeberg vägrade bestämt att ta emot konungens nåd och krävde att i laga ordning bli halshuggen. Regeringen kom i en löjlig och bekymmersam situation som den klarade genom att ge amnesti åt alla politiska fångar med krystad motivering, nämligen med anledning av tjugofyraårsdagen av Carl Johans landstigning på Sveriges jord. Lindeberg motades ut ur fängelset genom att man helt enkelt stängde dess dörr för honom när han var ute på gården. Han byggde därpå ostraffat sin teater utan tillstånd. Visserligen lyckades han aldrig klara dess ekonomi. Den övergick snart i andra händer och blev med tiden Kungliga Dramatiska Teatern.

År 1839, fem år efter sin ådömda halshuggning, gav Anders Lindeberg anonymt ut ett par volymer »Bidrag till Sveriges historia«. Han ansåg att det skulle ha varit bra att få in norrmän i svenska riksdagen; den hade då kunnat förbättras till att bli lika fri som stortinget. Men han såg saken uteslutande i ljuset av sitt hat mot Carl Johan, som anklagades för att ha offrat Sveriges intressen för sina egna när han gick med på enbart personalunion i stället för att fullfölja kriget och förena de båda länderna till ett. Det hör till saken att Lindeberg hade varit med såsom officer i 1814 års fälttåg.

Subtilare åsikter om unionen hyste den konservative och konungske Jacob August Hartmansdorff, som var Lindebergs främste motståndare i egenskap av hovkansler och handhavare av indragningsmakten när den var som flitigast använd. Han ogillade vad han kallade den bristande målmedvetenheten i svenska regeringens norska politik, men han var jurist och önskade först och främst ett närmande mellan svenska och norska förvaltningsprinciper och överensstämmelse mellan de båda ländernas ömsesidiga rättigheter och skyldigheter. Själv hade han varit sekreterare åt riksståthållare Mörner och hade inga höga tankar om de demokratiska tendenserna i Norge:

»Jag har sett stortinget: en jemmerlig församling. – Usel och eländig, ja upprörande, är friheten i sin tillkomst.«

Julirevolutionen i Frankrike 1830 skrämde alla potentater i Europa och även Carl Johan, som efter den tiden gav upp alla planer på sammansmältning av de båda länderna i unionen. Ett skäl var nog att den radikala oppositionen i Sverige hämtade kraft ur stortingets framgångar. Sverige var fortfarande ett aristokratstyrt land, där det med tiden växte fram en ny herrefolksmentalitet i konservativa kretsar, som såg ett hot mot sina ståndsprivilegier i exemplen från Norge.

Adelsmän dominerade inte minst utrikespolitiken, som ju från början helt låg i svenska händer. 1835 genomdrevs i alla fall att ett norskt statsråd skulle vara med i den så kallade ministeriella konseljen som avhandlade utrikesfrågorna. Det var en norsk framgång av betydelse.

På 1830-talet tog diktaren Henrik Wergeland itu med att förnorska skriftspråket i Norge, vilket dittills knappast hade skilt sig från det danska. Han plockade in halvtannat tusental dialektord men även lantliga norska böjningsformer i sina skrifter. I sina farser återgav han ofta norskt talspråk utmärkt, men i andra sammanhang verkade dess glosor ofta stillösa. Han mötte också skarpt motstånd. 1832 inledde Jonas Anton Hielm en språkpolemik som sedan har fortgått i Norge intill våra dagar.

År 1836 fattade norska stortinget en rad beslut som misshagade Carl Johan obeskrivligt. Hans grundlagsförslag beträffande absolut veto avslogs utan att ens ha utskottsbehandlats, och en grupp stortingsmän krävde full likställighet inom unionen i utrikesangelägenheter, i det att norska handelsflaggan skulle användas på alla hav, Norge skulle nämnas före Sverige i alla kungliga skrivelser som gällde Norge, och konungen själv borde kalla sig Carl III såsom norskt statsöverhuvud. Stortinget firade vidare 17 maj på Hôtel du Nord och satte i gång en insamling till inköp av Eidsvolds herrgård såsom nationalmonument – Carsten Anker hade nämligen gjort konkurs och måste släppa ifrån sig stället.

Carl Johan ilsknade till och upplöste oväntat stortinget, som svarade med att låta publicera ett uttalande i pressen samt ställa statsminister Severin Løvenskiold inför riksrätt för att han hade kontrasignerat befallningen om stortingsupplösning. Han dömdes till att böta tusen daler.

Skråtvånget avvecklades i Norge genom en lag av år 1839. I Sverige upphävdes skråna på liknande sätt 1846, men fullständig näringsfrihet tillkom först 1864.

Det svenska statsrådet omorganiserades 1841. Departementalstyrelse infördes då.

I Norge upphävdes konventikelplakatet 1842. Bondeledaren Ueland som framgångsrikt hade kämpat för detta var dock ingen vän av religionsfrihet. Han ville förbjuda andra sekter än de redan existerande och var bestämt emot att judar släpptes in i Norge.

Obligatorisk folkskola för alla infördes 1842 i Sverige. Lagar om kommunalstyrelse tillkom 1843. Lika arvsrätt för män och kvinnor genomdrevs 1845. De sista ståndsriksdagarna var verkligen mycket effektiva.

Peter Christen Asbjørnsen och Jørgen Moe utgav 1841 första samlingen av sina »Norske Folkeeventyr«, ett verk som omedelbart fick stor språklig betydelse eftersom det på ett naturligt sätt gav plats åt en mängd dialektord och specifikt norska böjningsformer.

Nasjonalgalleriet, Norges första permanenta konstutställning, öppnades 1842 i en flygel av slottet i Christiania. I Sverige fanns sedan 1794 det så kallade Kungl. museum i bottenvåningen av Stockholms slott. Nationalmuseum byggdes först på 1860-talet.

Ett beslut av stortinget 1842 innebar förbud för brännvinsbränning i Norge. Det riktade sig mot landets största industribransch, varför kungen och regeringen vägrade att gå med på det. Under den följande tiden infördes i stället varjehanda restriktioner.

I Sverige dröjde det ytterligare några år innan man inskränkte friheten att bränna brännvin efter behag. En kung-

Kalmar slott

lig förordning av år 1854 tillät husbehovsbränning under endast två månader av årets tolv, reglerade försäljningen och höjde brännvinsskatten.

Det första nordiska studentmötet ägde rum på våren 1843, då hundrafemtio danska studenter drog med sig en likasinnad skara från Lund till Kalmar slott, där de tre nordiska rikena förenades till en union på sin tid. Resan fortsatte sedan till Uppsala, där även några norska studenter mötte upp. Regeringarna såväl i Danmark som i den norsksvenska unionen ogillade det här och tog avstånd från den nordiska retoriken.

Vid sitt trontillträde 1844 skyndade sig Oscar I däremot att gå norrmännen till mötes i fråga om de nationella symbolerna. Båda unionsländerna fick då ett gemensamt märke i övre inre hörnet på sina respektive flaggor, den så kallade sillsalaten, rättvisligen lika missprydande på båda hållen.

Även frågorna om riksvapen och om kungens titulatur blev lösta i jämlikhetens namn.

Norska stortinget satte 1845 ner några tulltjänstemäns tantiem på tullinkomsterna, men regeringen vägrade att sanktionera detta beslut, som ju innebar att en politisk församling voterade om enskilda personers löneavtal. Stortinget ansåg sig emellertid suveränt även i detta slags frågor och öppnade process inför riksrätt mot finansministern Jørgen Herman Vogt, som dessutom egenmäktigt hade infört och borttagit vissa export- och importtullar. Riksrätten tyckte att han därvid hade överträtt sina befogenheter, men i fråga om tulltjänstemännens inkomster frikändes han. Stortinget fråndömdes rätten att när som helst justera statsanställdas löner; sådant fick ske endast när tjänsterna stod vakanta. Jubel och kalasande utbröt i Christiania, där statstjänstemännen var många.

År 1848 utgav Ivar Aasen »Det norske folkesprogs grammatik«, och två år senare var han färdig med »Ordbog over det norske folkesprog«.

På nyåret 1850 öppnade den berömde violinisten Ole Bull Det Norske Theater i Bergen. Där spelades Henrik Wergelands pjäs »Fjeldstuen« med folkdans av ungdomar från Hardanger i nationaldräkter som var så äkta att inga intima benkläder ingick i kostymen. Pjäsen gjorde stor lycka, särskilt då den bondska baletten, där flickorna med flygande kjolar lyftes högt i vädret.

Huvudgatan i Christiania, dittills benämnd Slotsveien, omdöptes 1852 till Carl Johans gate. Den gamle gascognaren, som ett par decennier tidigare hade haft så många konflikter med stortinget i Norge och rabulisterna i Sverige, blev till sist mycket folkkär på båda hållen, såsom fallet alltid brukar vara med konungar som får leva tillräckligt länge.

Christiania hade vid den tiden ungefär 40 000 invånare. Bergen, som vid århundradets början hade haft 18 000, växte långsammare och rymde vid denna tid ca 26 000.

Frimärken infördes i Norge 1854. Det fanns bara en enda valör, 4 skilling, vilket var inrikesportot för ett vanligt brev. Sverige var några månader efter med sådant men utgav i gengäld frimärken i fem olika valörer, alla i skilling banco. Föreskrifter om detta och om brevlådor utfärdades i maj 1855.

Även i fråga om telekommunikationer hade Norge ett litet försprång, ty dess första telegraflinje öppnades på nyåret 1855 mellan Christiania och Drammen. I september samma år öppnades telegraflinjen Stockholm – Uppsala, vilket var första etappen i utbyggnaden av ett riksomfattande nät. Haparanda nåddes 1857, kabel till Gotland utlades 1859.

Vad järnvägar beträffar fick Norge sin första 1854; den gick från Christiania till sjön Mjøsa och byggdes av staten och privata kapitalister i förening. I Sverige öppnades en bana Örebro – Ervalla i mars 1856, men två år tidigare hade riksdagen fattat beslut om stambanor, och arbetet på sträckan Stockholm – Göteborg påbörjades på valborgsmässoafton 1855.

Camilla Collett, syster till Henrik Wergeland, utgav 1854 romanen »Amtmandens Døttre«, som inleder den samhällskritiska realismen i Norges litteratur. Tre år senare, 1857, utkom Bjørnstjerne Bjørnsons berättelse »Synnøve Solbakken«, som gjorde ett djupt intryck även i Sverige. Svenska skrifter från samma årtionde är »Gluntarne« av Gunnar Wennerberg 1851, Fredrika Bremers »Hemmen i den nya verlden« 1854, »Hertha« 1856 och »Lifvet i gamla verlden« 1860; Viktor Rydbergs »Fribytaren på Östersjön« 1857, »Singoalla« 1858 och »Den siste athenaren« likaledes 1858. I Finland utkom andra samlingen av Johan Ludvig Runebergs »Fänrik Ståls sägner« 1860.

I juni 1856 hölls ett nordiskt studentmöte vid Uppsala högar med eldande tal av bland andra dansken Carl Ploug, och efteråt gav Oscar I stor fest för deltagarna på Drottningholm och meddelade bland annat att »våra svärd stå redo till gemensamt försvar«. Frågan gällde närmast det tyska hotet mot Holstein och Slesvig, som omfattades av en dansk helstatsförfattning av år 1854. Några månader efter studentmötet skickade Oscar I ett brev till Frederik VII i Danmark med anbud om en försvarsallians; han erbjöd medling beträffande det tyskspråkiga Holstein men reell garanti för Slesvig med 16 000 man svenska och norska trupper som skulle ställas upp bakom gränsfloden Eider. Frederik VII rådgjorde med sin utrikesminister och tackade sedan nej till alliansen med motivering att Holstein inte var inbegripet. Kung Oscar blev djupt sårad, och kort därefter drabbades han av en sjukdom som ett par år senare ändade hans liv: hjärntumör.

Alliansförslaget togs senare upp från dansk sida, men då var det de svenska och norska regeringarna som avböjde.

Husagan, alltså husbönders rätt att kroppsligen bestraffa sina underlydande, avskaffades i Sverige 1858 med tre stånds jaröster mot adelns nej. Samma riksdag som fattade beslut om detta fastslog också att ogift kvinna kunde bli myndigförklarad efter fyllda tjugofem år ifall hon så önskade.

En svensk skolstadga av år 1860 delade gymnasiet på latinlinje och reallinje. I Norge utkom en lag för de högre skolorna år 1869: den innebar sex års mellanskola och tre års gymnasium med samma linjeindelning som i Sverige. I mellanskolans sista år kunde eleverna välja mellan latin och engelska. I gymnasiet lästes även gammelnorsk, varmed menades isländska.

Norge hade också fått en lag om fasta folkskolor även på landet, men den var inte populär överallt i bygderna av både ekonomiska och religiösa skäl. Stor vrede uppväckte »Læsebog for folkeskolen og folkehjemmet«, utgiven 1863 av prästen Peter Andreas Jensen. Den innehöll nämligen en del världslig text: lite geografi, lite naturkunskap och, värst av allt, några folksagor.

De båda nordiska monarkerna träffades sommaren 1863 på Skodsborg i Danmark och Bäckaskog i Skåne och utbytte broderliga tankar. Carl XV iakttog föga avhållsamhet i alla avseenden. Mellan en kraftig frukost och en liknande middag lovade han Frederik VII att försvara även Holstein. Utrikesministern Ludvig Manderström skyndade sig att kratsa dessa kastanjer ur elden och utarbetade i stället ett förslag där det stod att 20 000 man svensknorska trupper skulle komma danskarna till hjälp i händelse av ett angrepp över Eider. Även detta var dock ett riskabelt löfte, helst som de svenska och norska stridskrafterna var miserabla för ögonblicket. Den svenske finansministern J.A. Gripenstedt alarmerade statsminister Louis De Geer, som hindrade kungen att underteckna traktaten tills det stod klart om västmakterna var beredda att ingripa. Alla kungens utfästelser återtogs därefter bakom en dimridå av diplomatiska fraser till danskarnas bitterhet och grämelse.

De fick alltså utkämpa sitt krig ensamma mot preussare och österrikare. Ett litet antal svenska och norska frivilliga stupade vid Dybbøl, men den storpolitiska skandinavismen ljöt ävenledes döden i detta danska krig.

I juni 1866 skingrades den svenska ståndsriksdagen för alltid, sedan ständerna efter långa debatter hade gått med på en representationsreform. Beslutet hälsades i vida kretsar med banketter och jubel, vilket dock tystnade vid åsynen av den tvåkammarriksdag som sammanträdde i Stockholm året därpå. Första kammaren var en ytterst aristokratisk och plutokratisk församling, vida konservativare än vad Riddarhuset hade varit. Andra kammaren dominerades av välbeställda hemmansägare och borgmästare. Rösträtt till denna nya folkrepresentation saknade icke blott alla kvinnor utan även fyra femtedelar av de vuxna männen i Sverige, ty förmögenhetskraven var höga.

Till riksståthållare i Norge sattes år 1836 omsider en norsk man: Herman Wedel Jarlsberg. Han dog 1840 och efterträddes av Severin Løvenskiold, som hade varit norsk statsminister i Stockholm några år. Då han gick ur tiden 1856 tillsattes ingen ny riksståthållare. I stället skickades kronprins Carl som vicekonung till Norge där han gjorde sig mycket populär, men redan 1857 måste han flytta tillbaka till Stockholm såsom unionsregent i sin sjuke faders ställe.

Året därpå utnämnde han sin personlige vän Christian Birch-Reichenwald till regeringschef i Norge. Denne ville gärna knyta unionen fastare, men han ville ha bort posten såsom riksståthållare därför att dess blotta existens markerade Norges andrarang inom unionen. Han lyckades också få Carl XV med på sin plan efter dennes tronbestigning 1859. Stortinget fick veta att kungen ville sanktionera ett beslut om riksståthållarämbetets försvinnande och röstade igenom detta med alla röster mot två. Kungen dröjde emellertid lite med sin sanktion med tanke på opinionen i Sverige. Det skulle han inte ha gjort.

Det blev nämligen ett våldsamt leverne i svenska riksdagen när stortingets beslut blev känt. Ständerna beslöt att kräva revision av unionen, ty ståthållarskapet vore inte enbart en norsk angelägenhet. Kungen visste varken ut eller in men föll undan för stormen; han vägrade att sanktionera stortingets beslut, men detta gjorde han i norskt statsråd för att markera att han ansåg saken vara exklusivt norsk. De norska statsråden protesterade i sin tur mot hans sanktionsvägran, och stortinget antog en adress som avvisade de svenska anspråken på inflytande över Norges grundlag, det enda ställe där riksståthållarskapet stod nämnt.

Birch-Reichenwald avgick inom kort och ersattes av Frederik Stang, som därmed åtog sig att för Carl XV:s räkning föra frågan om unionsrevision vidare. Då drevs Birch-Reichenwald sällsamt nog in i rollen som motståndare till unionen och kungamakten. Personliga och partipolitiska hänsyn hade stor betydelse i denna uppblåst fosterländska fråga.

Frederik Stang och den svenske statsministern Louis De Geer utarbetade med förenade krafter ett förslag till revision av unionen. Där stod i största allmänhet att en sådan var önskvärd och att den borde bygga på likställighet mellan svenskar och norrmän. 1865 tillsattes så en norsksvensk kommitté som två år senare blev färdig med ett vidlyftigt aktstycke som i huvudsak föreslog vad som redan var praxis men också fastslog att det skulle vara lika många norrmän som svenskar i det unionella statsrådet, där svenskarna hade dominerat därför att mötesplatsen var Stockholm. Förslaget avvisades 1871 av stortinget med förödande majoritet.

Året därpå började Oscar II sin regering med att sanktionera beslutet om riksståthållarämbetets död. I sak betydde denna prestigefråga inte det ringaste. Någon riksståthållare hade inte funnits på många år.

Ett nordiskt rättskrivningsmöte hölls 1869 i Stockholm, där bland andra norrmännen Knud Knudsen och Henrik

Ibsen var med. Man försökte skapa vissa gemensamma regler, av vilka en gällde avskaffandet av substantivens stora begynnelsebokstäver, där danskarna och även norrmännen hade kvar det tyska systemet. Mötet fick viss betydelse framför allt i Norge, där både Ibsen och Bjørnson tog upp dess regler efterhand.

Historikern Rudolf Keyser hävdade att Norge vore befolkat av rena germaner som hade invandrat norrifrån, medan Sverige och Danmark hade en mindre rasren befolkning. En elev till Rudolf Keyser var Peter Andreas Munch, som 1863 blev färdig med »Det norske folks historie« i åtta band, av vilka det första kom ut redan 1851. Det är ett imponerande verk, fullt av faktisk upplysning vid sidan av sin nationalism, som för övrigt inte hindrade P.A. Munch att ta livlig del i den skandinavistiska rörelsen.

Den 17 maj 1864 var en regnig dag i Christiania, men Bjørnstjerne Bjørnson talade till folkmängden, och Studentersamfundets kör sjöng hans och Rikard Nordraaks »Ja, vi elsker dette landet«, som därmed framfördes offentligt för första gången.

Norska stortinget, som dittills hade sammanträtt bara vart tredje år, samlades från och med 1871 årligen, och dess makt ökade omedelbart i förhållande till statsrådet och konungen. Johan Sverdrup och Søren Pedersen Jaabæk var mäktiga män där. Den sistnämnde, som var bonde, tröttnade aldrig att klaga över ämbetsmännens höga löner och bekämpade konsekvent anslag till sådant som litteratur och vetenskap. Sverdrup var jurist och ledande medlem av en liberal akademisk krets som kallade sig Collegium politicum, dit även Bjørnstjerne Bjørnson och flera andra amatörpolitiker räknades.

Sverdrup och naturligtvis även Jaabæk stod främmande för skandinavismen.

En rätt ansenlig folkvandring från Sverige till Norge ägde rum på 1870-talet, mest från Bohuslän och Värmland till området kring Oslofjorden. En del finländare från Österbotten slog sig samtidigt ner i Nordnorge. Ett visst samband finns nog mellan denna invandring och den norska utvandringen till Amerika, som nämligen var relativt större än något annat lands förutom Irlands.

Norska stortinget drog 1875 in i en monumentalbyggnad av en svensk arkitekt som hette E.V. Langlet. Hans verk står alltjämt där det står. Tomten hade stortinget ägt i tjugo år, men dittills hade det mest fått hålla till i Katedralskolen, några gånger i universitetet i Christiania.

Christiania Skiclub stiftades 1877 och anordnade två år senare de första organiserade skidtävlingarna i Norge. De ägde rum i Husebybakken, som var måttligt brant.

En utomparlamentarisk grupp i Christiania satte 1879 i gång en aktion för att få bort unionsmärket ur norska flaggan. Aktionen var riktad mot kungamakten och Sverige men även mot norska regeringen. Den stöddes av Sverdrup, men stortingets majoritet var emot.

En nordisk myntunion tillkom 1873 genom svenskdansk överenskommelse. Norrmännen, gripna av motvilja mot själva ordet union, ville inte vara med från början men fann redan efter två år att arrangemanget inte var så dumt. Myntenheten kallades krona, var delbar i 100 ören och motsvarade värdet av 0,4032258 gram fint guld.

Denna gemensamma valuta var gångbar i hela Norden

intill första världskriget, då guldmyntfoten måste överges. Inflationer och andra rubbningar i pengarnas värde framtvang sedan en bestående boskillnad mellan svenska, norska och danska kronor.

Partiet Venstre med Johan Sverdrup som ledare organiserades i Norge 1883. Det bestod av många sorters folk som hölls samman mest av oviljan mot kungen och unionen. Partiet besatte genast alla platserna i lagtinget och blev därmed i stånd att öppna riksrätt mot tre statsråd för olika misshagliga åtgärder. De dömdes till avsättning, och trots mycken förbittring såg sig Oscar II och hans regering nödsakade att rätta sig efter domen. En expeditionsministär tillsattes men avlöstes inom kort av Sverdrup i spetsen för ett statsråd av sju jurister, två teologer och en lanthandlare, högtidligen hälsad av Bjørnstjerne Bjørnson som den förste bonden i konungens råd.

Venstre sprack redan 1888 och organiserades då i två stortingsgrupper som kallades Rene Venstre och Moderate Venstre. En av tvistepunkterna, typisk för tidens förhållanden, var författaren Alexander Kiellands diktargage. Hans författarbegåvning erkändes av alla, men den lågkyrklige prästen och politikern Lars Oftedal beskyllde honom för att droppa gift i läsarnas bröst.

De norska valen 1888 gick Johan Sverdrup emot; hans parti, Moderate Venstre, fick bara 25 mandat mot 38 för Rene Venstre. Året därpå drabbades han i stortinget av ett förslag till misstroendevotum och företog då en taktisk manöver, i det att han inlade sin regerings avskedsansökan samtidigt som han tog upp förhandlingar med ledarna för det andra venstrepartiet. Oscar II skyndade sig emellertid att bevilja honom det begärda avskedet och tillkallade högerledaren Emil Stang i hans ställe.

I svenska riksdagen tog den liberale Adolf Hedin upp

Ryttarstatyn av Carl Johan avtäcks 1875 i dåvarande Christiania.

bestämmelsen att utrikesministern i unionen alltid skulle vara svensk. Hans främsta intresse var nog att komma åt kungens personliga makt på detta område.

Våldsam strid om spannmålstullar rasade i Sverige genom nästan hela 1880-talet. Ångbåtarna förde in billig rysk och amerikansk brödsäd i landet, de svenska odlarna var förtvivlade och krävde skyddstullar, men sådana ville konsumenterna naturligtvis inte ha. Intressekonflikten uppväckte starka lidelser framför allt därför att den gjorde folkets breda lager medvetna om vad det betydde att de saknade rösträtt och politiskt inflytande. Tullvänner och frihandlare blev därför snart ungefär liktydigt med höger och vänster. Deras respektive paroller var »Sverige till svenskarna!« och »Bort med svälttullarna!« Men tvistefrågorna låg djupare. Vänstern var mycket medveten om parlamentarismen i Norge och såg ofta stortinget som sitt föredöme.

År 1885 fattade stortinget ett beslut som har gått till historien som Jamstillingsvedtaket. Det gick ut på att regeringen borde »træffe fornøden Forføining til, at det norske Folkesprog som Skole- og officielt Sprog sidestilles med vort almindelige Skrift- og Bogsprog«. En viktig impulsgivare till det här var overlærer Knud Knudsen, som i många skrifter, framför allt i den stora ordboken »Unorsk og norsk« hade kämpat både mot Ivar Aasens landsmål och mot dem som ville behålla danskan som skriftspråk i Norge.

År 1887 bestämdes att man i norska skolor skulle använda »dannede folks omhyggelige men ukunstlede dagligtale«, alltså inte ett skriftspråksuttal av orden. Detta var främst Knudsens verk.

Hammerfest fick gatubelysning med elektriska glödlampor 1891, och Carl Johan i Christiania utrustades med elektriskt ljus 1892, men där använde man båglampor. Nordens första elektriska spårväg togs i bruk i denna stad 1894, och 1898 gick den första turen på Holmenkollbanen, som är den äldsta förortslinjen i Norden. Norge var tidigt ute med sådant.

Den konservativa regeringen Stang föll 1891 på ett misslyckat försök att lösa frågan om utrikesministerposten i den svensknorska unionen. Statsminister blev nu skolrektorn Johannes Steen, vars regering helt och hållet var hämtad från Rene Venstre, och dess mål var egen norsk utrikesminister och egna beskickningar.

Av taktiska och kanske även praktiska skäl tog man först itu med konsulatsväsendet. Stortinget beviljade pengar till en plan för eget norskt sådant, men innan denna sak ännu hade föredragits för honom begick Oscar II oklokheten att uttala att han tänkte vägra att sanktionera något dylikt. Hans vetorätt i bevillningsfrågor var emellertid inte oom-

Oscar II

tvistad, och norska regeringen begärde omedelbart sitt avsked. När kungen kort därefter kom till Christiania inställde stortinget demonstrativt sina förhandlingar i flera veckor.

Emil Stang, som var son till Frederik Stang och liksom denne hade en kylig men pragmatisk inställning i unionsfrågan, återkom som statsminister 1893 men möttes genast av misstroendevotum i stortinget. Offensiven i konsulatsfrågan fortsatte där i toner som skapade stark irritation i Sverige, och ett stortingsbeslut att unionsmärket skulle bort ur handelsflaggan var ägnat att ytterligare inflammera sinnena. Stortinget roade sig också med att reducera apanagen till kung Oscar och kronprins Gustaf samt anslagen till de gemensamma norsksvenska konsulaten jämte beskickningen i

Wien. Inför denna dumhet stegrades spänningen raskt till sådana höjder att riksdagens sekreta utskott inkallades i Stockholm, något som skedde bara vid krigsfara. Den rätt norskvänlige utrikesminister Lewenhaupt avgick och ersattes med en halvtysk greve Douglas. Det hela började bli riskabelt.

Militärt hade Norge nästan inga krafter alls, något som de radikala stortingspolitikerna själva hade sörjt för. När det gick upp för dem att det faktiskt drog ihop sig till krig fick de kalla fötter. Stortinget beslöt med tre fjärdedels majoritet att slå till reträtt och ge sig in i förhandlingar med svenskarna om angelägenheter som dittills hade hävdats som rent norska. En unionskommitté med tre medlemmar från vartdera landet tillsattes, och kriget var avvärjt.

Unionskommitténs överläggningar drog emellertid ut på tiden, helst som det rådde oenighet även inom de båda delegationerna. Något användbart förslag till överenskommelse nåddes därför inte, och kommittén satt fortfarande samlad 1897, då Rene Venstre vann en stor valseger på ett program om egna konsulat och egen utrikesminister. Johannes Steen återkom därmed som regeringschef i Norge, och stortinget beslöt för tredje gången att unionsmärket skulle bort ur flaggan.

Oscar II som hade inlagt sitt veto mot detta två gånger såg sig nödsakad att skriva under flagglagen till sist för att rädda ansiktet. Den skulle annars ha trätt i kraft hans underskrift förutan.

I Sverige påstods nu att norrmännen bedrev hemliga rustningar, och i ryska tidningar stod svenskfientliga artiklar av Bjørnstjerne Bjørnson, vilket gav anledning till speciell oro, ty det var i de åren då Bobrikov hade blivit generalguvernör i Finland och hade satt i gång förryskningsprocessen där. Mången svensk vädrade krigsfara i både öst och väst och började intressera sig för försvaret och den nationella äran

Bjørnstjerne Bjørnson

som aldrig förr. Helt utan grund var detta naturligtvis inte. En militär upprustning av betydande omfattning pågick verkligen i Norge, som beställde fyra moderna pansarskepp i England, köpte snabbskjutande kanoner från Tyskland och anlade nya fästningar längs gränsen mot Sverige.

På svenskt håll lyckades statsminister Boström få igenom en ny härordning i förening med fullständig avskrivning av grundskatterna på bondejorden, två saker som hade varit hopkopplade länge eftersom herrarna i första kammaren och bönderna i andra kammaren ömmade för var sina intressen. Övningstiden för svenska värnpliktiga utsträcktes till hela nittio dagar, och pengar till detta anskaffade man genom att införa allmän inkomst- och förmögenhetsskatt.

En ny svensk utrikesminister vid namn Alfred Lagerheim gjorde sitt bästa för att tillmötesgå de norska kraven och fick till stånd ett preliminärt avtal om skilda konsulatsväsen, vilkas förhållande till utrikesdepartementet och beskickningarna skulle bestämmas i likalydande lagar på svenska och norska. Regeringsförhandlingar om detta kom i gång och tycktes gå rätt bra, men på hösten 1904 kom Lagerheim i konflikt med statsminister Boström. Denne reste kort därpå till Christiania och lade fram vissa riktlinjer i konsulatsfrågan. Han menade att utrikesministern måste ha inflytande över konsulerna och att beskickningarna i vissa fall skulle kunna suspendera en konsul. Dessutom fastslog han att i kungens titulatur måste Sverige nämnas före Norge även i de norska konsulernas diplom.

Stort oväsen utbröt ånyo i Norge inför dessa oförnuftiga krav. Man talade om lydrikespunkter och löftesbrott, och en våg av militant nationalism genomströmmade landet och ryckte med sig även personer som dittills hade varit hängivna unionsvänner. Den moderata norska regeringen Hagerup avgick och efterträddes av en samlingsregering med skeppsredaren Christian Michelsen som statsminister.

I maj 1905 antog stortinget en lag om egna norska konsulat utan hänsyn till Boströms uttalanden. Då kung Oscar som väntat vägrade att underskriva denna lag begärde Michelsen sitt avsked på hela regeringens vägnar, vartill kungen svarade att han inte kunde bevilja avskedsansökningarna eftersom det inte gick att bilda någon annan norsk regering nu. Christian Michelsen, som var en mycket praktisk man och en dristig politiker, såg sin chans och använde kungens uttalande på ett kanske icke alldeles hederligt men fiffigt och mycket effektivt sätt. Han strök ordet *nu* i kungens text och fick på denna grund stortinget att fatta ett historiskt beslut den 7 juni 1905:

»Da statsrådets samtlige medlemmer har nedlagt sine embeter, da Hans Majestet Kongen har erklært sig ute av stand til å skaffe landet en ny regjering, og da den konstitutionelle kongemakt således er trådt ut av virksomhet, bemyndiger stortinget medlemmene av det i dag avtrådte statsråd til inntil videre som Den norske regjering å utøve den kongen tillagte myndighet i overensstemmelse med Norges rikes grunnlov og gjeldende lover – med de endringer som nødvendiggjøres derved at foreningen med Sverige under en konge er oppløst som følge av, at kongen har opphørt å fungere som norsk konge.«

Opinionen i Sverige var lyckligtvis splittrad denna gång. Många liberaler och socialdemokrater hade större sympati för parlamentarismen i Norge än för Oscar II, och någon utbredd lust att dra i krig för att med våld vidmakthålla unionen fanns knappast i konservativa kretsar heller. De facto var denna faktiskt upplöst. Kung Oscar vägrade visserligen att ta emot budskapet därom och sammankallade en urtima riksdag som sammanträdde fjorton dagar senare, men hans regering – statsministern hette Ramstedt för tillfället – begärde fullmakt att avveckla unionen även formellt.

Riksdagen såg dock allvarligare på saken och tillsatte ett särskilt utskott till att överväga vad som borde göras. Där satt både förstakammarhögerns ledare Christian Lundeberg och den liberale ledaren Karl Staaff, men utskottets utlåtande blev ändå enhälligt och ställde en del villkor för unionsupplösningen, först och främst att norrmännen skulle hålla folkomröstning om saken samt att de nyuppförda norska gränsfästningarna skulle rivas ner. Regeringen Ramstedt avgick då, och ett antal ledamöter av särskilda utskottet etablerade en samlingsregering med Christian Lundeberg som chef.

Trupprörelser pågick nu i båda länderna, men den önskade folkomröstningen kom till stånd omedelbart. Den gav naturligtvis förkrossande majoritet för unionsupplösning: bara 184 röster i hela Norge var emot. Stortinget begärde sedan förhandlingar, och sådana kom till stånd på eftersommaren i Karlstad, där den kloke norske statsministern lyckades åstadkomma vissa jämkningar i de svenska kraven på rasering av fästningar, en tvistefråga som naturligtvis var omgiven av flammande nationella prestigekänslor ehuru den i sak knappast betydde någonting alls. Parterna enades om att Norge skulle få behålla fästningen i Kongsvinger, vilken dock inte fick utvidgas, medan övriga fortifikationer i gränszonen skulle raseras. Andra frågor – om transitotrafiken till Narvik, om lapparnas renbeten och annat i den stilen – var lättare att lösa, och i slutet av oktober 1905 kunde man högtidligen underteckna den så kallade Karlstadskonventionen, som då hade hunnit godkännas av såväl stortinget som av riksdagen.

Att det fria Norge måste bli en monarki var nästan självklart för 1905 års människor. Redan i samband med sitt beslut om unionsupplösning hade stortinget vänt sig till Oscar II och begärt att en prins av hans hus skulle få väljas till kung av Norge, men detta avvisades omedelbart. Norrmännen valde då i stället en dansk prins som hette Carl men antog namnet Haakon VII. Förhållandet mellan de nordiska kungafamiljerna var sedan mycket kyligt i nästan ett årtionde. Först när första världskriget bröt ut 1914 hade såren hunnit läkas någorlunda. Vid ett berömt trekungamöte i Malmö strax före jul det året var det dags för Gustaf V och Haakon VII att offentligen skaka hand.

Alltmedan unionskäbblet pågick som värst konstituerades Det norske Kvælstofcompagni i Stockholm. Initiativtagare var den norske ingenjören Sam Eyde och den berömde forskaren Kristian Birkeland, som hade uppfunnit metoder att utvinna kväve ur luften. Sam Eyde hade för ändamålet köpt upp vattenrätter i stor skala, först och främst Rjukanforsen, ett av Europas högsta vattenfall. Stockholms Enskilda Bank fick tidigt intressen i projektet, men i Sverige fanns inte kapital så det räckte, och bröderna Wallenberg tog då kontakt med ett par franska storbanker som visade sig intresserade. Några månader efter unionsupplösningen stiftades så Norsk Hydro-Elektrisk Kvælstof A/S i Christiania, och 1907 sattes arbetena i gång på ett stort kraftverk och en salpeterfabrik vid Rjukan. Anläggningsarbetena var gigantiska, och investeringarna var redan 1910 uppe i 100 miljoner i den tidens mynt.

I stortinget hördes naturligtvis kritiska röster om utbyggnaden av norska vattenfall med utländskt kapital.

I det svenska andrakammarvalet 1905 vann liberalerna, och kung Oscar måste motvilligt låta deras ledare Karl Staaff bilda regering. Den stod sig bara ett halvår men hann dock ordna med villkorlig dom och villkorlig frigivning i mindre brottmål. Den genomförde också en stavningsreform som väckte ohyggligt rabalder i landet, såsom sådana saker alltid gör. Ecklesiastikministern Fridtjuv Berg, själv folkskollärare, tog bort *hv*, *fv* och *f* för *v*-ljud och upphävde dessutom den svåra skillnaden i stavning mellan perfektum particip och supinum, så att barnen hädanefter slapp höra sina lärare säga: »*Hvad? I hafven stafvat fel! Nog af! Detta ord är felstafvadt!*« Året var 1906.

I Norge, där det rådde strid om detta slags ting nästan oavbrutet, fick man sina första verkliga rättskrivningsnormer vid ungefär samma tid. Det skedde för landsmålets del 1901, då verbens pluralformer togs bort; olika tempora av være hette sålunda *er* i stället för *ero* och *var* i stället för *varo*. Man slängde vidare bort bokstaven *t* i många ordslut: *kasta* i stället för *kastat*, *anna* i stället för *annat*, *noko* i stället för *nokot*. En stavningsreform för riksmålet genomfördes 1907 och innebar bland annat att danska *b d g* ersattes med norska *p t k* i ord som *gribe*, *bryde*, *skrige*, vilka alltså i stället skulle skrivas *gripe*, *bryte*, *skrike*. Dubbelkonsonant infördes i ordslut: *egg*, *bukk*, *hugg* i stället för *æg*, *buk*, *hug*. En del verbformer fick också ny uppsyn: *kastet* i stället för *kastede*, *bodde* i stället för *boede*. Pluralisformerna *hester*, *stoler* etc. fick ersätta danskans *heste*, *stole*. Reformen slog snart igenom i tidningarna, men många ståndaktiga danskstavare fanns naturligtvis kvar.

Tio år senare, 1917 under brinnande världskrig, var norrmännen mogna för en ny rättskrivningsreform som skakade nationens sammanhållning. Nu gällde det ett närmande mellan riksmål och landsmål. Bokstaven *å* fick ersätta *aa* i båda tungomålen. Kort *æ*-ljud skrevs med *e*, till exempel *verre* i stället för *værre*. Ohistoriskt *d* i vissa ordslut ersattes med dubbelkonsonant: *mann* i stället för *mand*, *fjell* i stället för *fjeld*. Diftonger infördes i namn på många djur och växter, alltså *rein* och *hauk* i stället för *ren* och *høk*, och cirka hundrafemtio norska ord fick bestämd singularisform på -*a* i stället för -*en*: *geita*, *kua*, *øya*. I landsmålet blev det valfritt att skriva till exempel *aust* eller *øst*, *draum* eller *drøm*. Man kunde få skriva *bygda* i stället för *bygdi*, *gjenter* i stället för *gjentor*, *finnas* i stället för *finnast*, *öksa biter* i stället för *ho bit*.

Den gången dröjde det emellertid länge innan författare, bokförlag och tidningar rättade sig efter påbuden. I synnerhet valfriheten retade många.

År 1929 fick man en lag som döpte om riksmålet till bokmål och landsmålet till nynorsk. 1939 var det färdigt igen. Då kom det in mera nynorsk i bokmålet.

I Norge fick kvinnorna politisk rösträtt år 1913. Svenskorna fick vänta till nästa årtionde på samma rätt.

I februari 1914 yttrade statsminister Gunnar Knudsen i stortinget: »Hva er der på ferde? Det skulle være interessant å vite. For tiden er da forholdet det at den politiske himmel, verdenspolitisk sett, er skyfri i en grad som ikke har vært tilfelle på mange år.«

Inte heller i Sverige stod det klart för statsledningen att Europa befann sig på randen av ett stort krig. Ministären Staaff drev 1913 igenom en lag om folkpension, grundplåten till senare årtiondens vidlyftiga sociallagstiftning i landet, men den stora stridsfrågan gällde försvaret och framför allt byggandet av en pansarbåt, som alla högersinnade ansåg nödvändig för rikets säkerhet. Spänningen kulminerade i februari 1914, då en väldig högerdemonstration som kallas Bondetåget uppvaktade Gustaf V och hälsades med ett manhaftigt tal som var skrivet av forskningsresanden Sven Hedin. Kungen sade sig dela demonstranternas åsikt att hans här och hans flotta måste upprustas och få så lång övningstid som den militära expertisen krävde. Avsikten med aktionen var först och främst att få bort Staaff och hans liberala ministär, vilket lyckades; statsministern uppvaktades visserligen av ett socialdemokratiskt arbetartåg som var långt manstarkare än Bondetåget, men konungens oparlamentariska hållning framtvang den liberala regeringens avgång, och en konservativ ministär under den virile landshövdingen Hjalmar Hammarskjöld trädde i stället. Därpå blev det andrakammarupplösning och nyval, som visade att det blåste högervind i landet. Den nya riksdagen fick inom kort ta ställning till en proposition om ungefär ett års övningstid för flertalet värnpliktiga och för studenter och likställda mycket mer än så, och medan denna sak kalfatrades som bäst utbröt världskriget.

I utrikeshändelsernas slagskugga nådde såväl stortinget som riksdagen inre och även yttre enighet. Strax efter krigsutbrottet utfärdades en gemensam neutralitetsförklaring, där de båda ländernas regeringar sade sig utesluta möjligheten av att konflikten i Europa skulle få dem att uppträda fientligt mot varandra. Detta kunde behöva sägas, ty stämningen i Norge var ententevänlig medan det i Sverige fanns inflytelserika grupper som ville ha landet med i kriget på tysk sida.

Prisstegringar och svår varubrist drabbade även de neutrala nordiska länderna under krigsåren. Ransonering av livsmedel och mycket annat infördes i alla tre alltifrån 1916. Det oinskränkta u-båtskriget som tyskarna igångsatte året därpå drabbade framför allt Norge hårt; 300 norska fartyg om sammanlagt 460 000 ton gick till botten under första halvåret 1917, och 439 sjömän omkom. Läget förbättrades under sommaren, då lyssnarapparater och sjunkbomber togs i bruk.

Under hela kriget torpederades eller minsprängdes ungefår 850 norska fartyg och omkom 1 400 norska sjömän. Motsvarande siffror för Sverige var 280 skepp och 684 personer.

Spritrestriktioner förekom i Norge under hela kriget och mötte allmän förståelse med tanke på spannmålsbristen då. I Sverige hade man sedan 1914 det så kallade Stockholmssystemet, som i allt väsentligt var konstruerat av läkaren Ivan Bratt; det innebar individuell kontroll och begränsning av alla inköp och bortkoppling av allt privat vinstintresse på området. Alltifrån 1919 var detta fullt utbyggt i hela landet, där skötsamma personer av manligt kön beskärdes motbok som möjliggjorde köp av högst fyra liter starksprit i månaden. Kvinnor fick i regel ingen motbok; det ansågs att deras män i annat fall skulle supa upp även deras ranson, vilket förmodligen var rätt resonerat.

Nykterhetsrörelsen var en stark maktfaktor vid den tiden i åtskilliga länder och alldeles särskilt i USA, där kongressen med stor majoritet införde totalförbud mot alkohol. Det trädde i kraft på nyåret 1920. Också i Skandinavien var förbudsvännerna många. En norsk folkomröstning i oktober 1919 gav 489 017 röster för totalförbud mot 304 673 röster emot. I Sverige, där Albert Engström och många andra fruktade det värsta, bildades i februari 1922 en förening för folknykterhet utan förbud inför den folkomröstning som var beslutad till sensommaren. Den resulterade i 925 097 röster mot förbud och 889 132 röster för. Svenskarna fick alltså behålla sitt Brattsystem, som stod sig ända till 1955, då det föll offer för alkoholisternas och helnykteristernas gemensamma hat.

Norge fick däremot totalförbud, vilket rätt snart förlorade folkmajoritetens stöd. Starkvin blev ånyo lovligt redan 1923, och förbudet mot starkare varor föll 1926 efter en folkomröstning där 56 procent röstade för avveckling. Alltifrån 1927 dracks det laglig alkohol i Norge igen, och stortinget fick tid att tänka på annat. Förbudsfrågan hade dominerat politiken alltför länge, två högerregeringar och en vänsterregering hade fallit på den, och saken gällde inte bara nykterheten utan även utrikeshandeln. Spanien och Portugal köpte nämligen mer än hälften av Norges klippfiskexport och hade inte stort annat än vin att betala med. Även affärerna med Frankrike innebar import av 400 000 liter sprit om året under förbudstiden. Man låtsades att den gick till medicinskt bruk, men det stod klart för alla tänkande människor att i längden kunde man inte undgå att välja mellan förbudet och affärerna. Förbudet var för övrigt inte alls effektivt. Smuggling och hembränning florerade.

Första världskriget tog slut 1918, och framtidsoptimismen var stor i Skandinavien, men omställningen i näringslivet blev svårare än väntat. Företag som hade tillverkat surrogatvaror måste naturligtvis upphöra, och storföretag som på ett eller annat sätt hade framställt krigsmateriel råkade i kris. För Norsk Hydro, som var Norges största industri, betydde krigsslutet att England och Frankrike inte behövde köpa nitrater mer och att Tyskland hade utvecklat en överlägsen teknik för kväveframställning. Det blev driftsinskränkningar och arbetslöshet, och 1927 gick företaget ihop med tyskarnas I.G. Farben.

Något mindre drastisk var krisen i Sverige, där den ekonomiska liberalismen inte var lika stark och penningpolitiken inte fullt så deflationistisk. Arbetslösheten var dock svår i båda länderna genom nästan hela 1920-talet.

Tredje Internationalen alias Komintern skapades av ryska bolsjeviker 1919. I Sverige hade det socialdemokratiska partiet spruckit redan 1917, och endast en föga manstark vänstergrupp följde revolutionsappellerna från Ryssland,

Stor arbetslöshet rådde i både Sverige och Norge under nästan hela 1920-talet.

men Det Norske Arbeiderparti var med i Komintern från början. 1920 antog organisationen dessutom de så kallade Moskvateserna, som handlade om järnhård disciplin och lydnad för exekutivkommittén i väntan på världsrevolutionen, som skulle genomföras med våld och skapa en proletariatets diktatur i alla länder. Detta var hårdsmält och ledde till partisprängning också i Norge. Den största fraktionen som behöll partinamnet sade inte direkt nej till Moskvateserna, men då ryssarna 1923 blandade sig i vad norrmännens partikongress skulle få besluta och inte besluta lämnade Arbeiderpartiet de facto Komintern.

En norsk övervintrare ockuperade 1931 en bit av Östgrönland, därtill inspirerad av en nationalistisk rörelse som hette Norges Grønlandslag och hade stöd av tidningen Tidens Tegn. Bondepartiet som regerade Norge för tillfället – statsministern hette Jens Hundseid, försvarsministern Vidkun Quisling – godkände ockupationen och lät ockupera ytterligare en människotom landsträcka. Danskarna protesterade förstås och hänsköt saken till internationella domstolen i Haag, som kategoriskt gav norrmännen orätt.

Vidkun Quisling grundade detta samma år en organisation som hette Nordisk Folkereisning. Den ombildades snart till ett politiskt parti vid namn Nasjonal Samling.

De svenska socialdemokraterna under Per Albin Hansson träffade 1933 en politisk uppgörelse med Bondeförbundet, det blivande centerpartiet, vars ledande man hette Persson i Bramstorp. Uppgörelsen kallades kohandeln av de utomstående partierna, men den stod sig länge och lade grund till en mycket stabilare regering än man hade varit van vid.

Något liknande inträffade i Norge inom kort. Där träffades 1935 ett huvudavtal mellan arbetarnas och arbetsgivarnas fackliga organisationer, vilka dittills hade betett sig mycket fientligt, och samma år bildade Arbeiderpartiet regering med Johan Nygaardsvold som statsminister, Halvdan Koht som utrikesminister och Trygve Lie som justitieminister. De gjorde upp med bondepartiet om skatter och matpriser, och deras regering blev långlivad. Arbetslösheten var alltjämt mycket hög i Norge, men en känsla av framsteg och förbättring rådde bland väljarna ändå. Man hade åtminstone arbetsfred.

Utländska händelser och förhållanden fick överväldigande betydelse för tänkesätten och politiken i alla de nordiska länderna under 1930-talet. Vid årtiondets början rådde djup ekonomisk kris, och sympatierna för den ryska revolutionen var fortfarande stora i arbetarklassen, medan man i det borgerliga lägret såg med fasa och avsky på bolsjeviker. 1935-1936 vistades Leo Trotskij i Norge, vars socialdemokratiska regering såg sig nödsakad att inskränka hans yttrandefrihet. Det började stå klart att Sovjetunionen nu var en diktaturstat under Stalin. 1933 kom Adolf Hitler till makten i Tyskland, och att även hans välde var en diktatur undgick ingen. Hans antikommunism tilltalade många konservativa skandinaver, men vittnesbörden om judeförföljelser och terror hopade sig snart och skrämde sansade människor i alla samhällsklasser.

Abessinienkriget 1935-1936 avslöjade vanmakten hos Nationernas Förbund, där Sovjetunionen nyss hade trätt in sedan Tyskland och Italien hade gått ur. Det spanska inbördeskriget, där italienare och tyskar öppet hjälpte general Franco, engagerade sinnena eftersom det ytterst var en kamp mellan fascism och kommunism. Det pågick ännu i september 1938 vid stormaktsmötet i München, där Tjeckoslovakien stympades. Ett halvår senare tog tyskarna resten av detta land, och att Hitler inte tänkte nöja sig med detta var lätt att se. Den tyskryska pakten i augusti 1939 kom som en överraskning för nästan alla, men inmarschen i Polen som följdes av västmakternas krigsförklaring överraskade inte många.

Alla de nordiska länderna mobiliserade naturligtvis en del militär till skydd för sin neutralitet, som strax proklamerades enhälligt än en gång. En allmän insikt att stormaktskriget även kunde drabba oss var emellertid levande endast i Finland, där faran utifrån var påtaglig. Sedan Sovjetunionen och det nazistiska Tyskland hade ingått sin nonaggressionspakt och samsats om att dela Polen sinsemellan slog ryssarna under sig de baltiska republikerna Estland, Lettland och Litauen och framställde därefter vissa territoriella krav gentemot Finland, som uppmanades att lämna ifrån sig ett område på Karelska näset och en stödjepunkt på Hangöudd mot vederlag i Fjärr-Karelen. Ett enigt Finland svarade nej, varpå ryssarna tillsatte vad de kallade en finsk folkregering under Otto Vilhelm Kuusinen, medlem av Stalins politbyrå. Ryska trupper gick till attack i december, men Finland försvarade sig med förvånande framgång, tillintetgjorde stora ryska avdelningar i gränsområdena norrut och höll stånd i ett par månader mot huvudangreppet på Karelska näset, trots våldsam koncentration av ryskt artilleri där.

Världsopinionen stod nästan enhälligt på Finlands sida, men konkret hjälp kunde under rådande förhållanden påräknas enbart från Skandinavien. Sverige översände några tusen frivilliga och stora mängder krigsmateriel men var inte villigt att öppet gå i krig – dess militärmakt var faktiskt inte mycket att komma med vid det laget. Norge hade det ännu sämre ställt med sådant. Ett förslag av regeringen Mowinckel till en långtgående nedrustning hade antagits av stortinget så sent som 1933, Hitlers första år vid makten.

I februari 1940 lyckades ryssarna genombryta försvarslinjen på Karelska näset, men det internationella läget var nu sådant att de såg sig tvungna att snarast få slut på kriget. De

Det tyska fartyget »Altmark«.

lät därför Kuusinen falla och förklarade sig redo att förhandla med regeringen i Helsingfors. Då det stod klart att det inte längre gällde Finlands existens utan dess gränser ansträngde sig Sverige att få till stånd en kompromissfred, men då erbjöd sig England och Frankrike att sända trupper till Finlands hjälp och begärde att Norge och Sverige skulle tillåta genommarsch över Narvik och Kiruna. Deras syfte var framför allt att sätta stopp för malmexporten till Tyskland, och norska och svenska regeringarna avslog deras begäran. Finland nödgades under sådana förhållanden gå med på ryssarnas fredsvillkor, som var hårda.

Ett tyskt fartyg vid namn »Altmark« gick i samma februarimånad söderut längs norska kusten med trehundra brittiska krigsfångar ombord. Det angreps inne i Jössingfjord av ett engelskt örlogsfartyg som befriade fångarna, en grav kränkning av Norges neutralitet som tyskarna inte försummade att utnyttja. Den 8 april 1940 lade engelsmännen också ut minor i norska farvatten.

Dagen därpå hände något som varken britter eller skandinaver hade ansett möjligt, trots att vissa varningar från svenska diplomater hade nått såväl Köpenhamn och Oslo som London. Tyskarna tog både Danmark och Norge med överrumpling.

Danmark var på det hela taget alldeles försvarslöst, och ockupationen där fullbordades under loppet av denna enda dag. Även i Norge besatte tyskarna alla viktiga kuststäder den 9 april 1940. Kryssaren »Blücher« sänktes av torpedbatterierna vid Oslofjorden och gick till botten med ett tusental tyska soldater, men i Narvik torpederades i gengäld två gamla norska pansarskepp med 276 man ombord, och Bergens fästning gav sig genast inför bombhot mot själva staden. Norska regeringen, som hade varit sysselsatt med att formulera en protest mot de brittiska mineringarna, togs bokstavligen på sängen, men stortingspresidenten C.J. Hambro hann i alla fall ordna med ett extratåg som förde kungen, kronprinsen och ministrarna till Hamar och vidare till Elverum. En tysk styrka på några hundra man satte efter dem men lyckades inte ta dem till fånga; den avväpnade i stället utan svårighet flera norska truppavdelningar, som stod handfallna fast de var flerdubbelt större.

Brittiska och franska regeringarna meddelade genast att de tänkte skicka hjälp, och för norrmännen gällde det då först och främst att hindra tyskarna att etablera förbindelse mellan Oslområdet, Trøndelag och Vestlandet. Allierade trupper landsattes efter någon vecka i Harstad, Namsos och Åndalsnes, men tyskarna behärskade luftrummet suveränt, och hjälpexpeditionen åstadkom bara att några norska stä-

der bombades i brand. Den drogs strax tillbaka. Narvik erövrades däremot av franska främlingslegionärer och polska bataljoner, sedan brittiska örlogsfartyg hade sänkt de tyska jagarna i hamnen, men i den vevan satte tyskarna i gång sin stora offensiv i väster, nådde hastigt Engelska kanalen och ockuperade Holland, Belgien och större delen av Frankrike. I det läget upphörde inom kort allt militärt motstånd i Norge, som hade förlorat 853 stupade i striderna.

I Sverige stod man häpen och uppjagad inför allt det här. Trupper från finska gränsen kastades hastigt över till den norska, och annan tillgänglig militär sändes hals över huvud att bevaka hamnar och kuststräckor söderut där en tysk landstigning kunde vara att vänta. Försvarsviljan var stark men resurserna måttliga och sattes lyckligtvis aldrig på prov.

I norsk radio uppträdde Vidkun Quisling den 9 april 1940 och proklamerade sig som statsminister, men tyskarna fann det klokast att skjuta honom åt sidan och tillsätta ett administrationsråd av respekterade ämbetsmän. Dessa visade dock ingen tjänstvillighet och avsattes efter några månader. I början av 1942 gjordes omsider Quisling till ministerpresident i något som skulle föreställa en norsk regering. Organisationen Nasjonal Samling tillväxte betydligt under de första ockupationsåren och gick tyskarna tillhanda med angiveri och våldsdåd. Av de fåtaliga norska judarna räddade sig ungefär hälften till Sverige, men 759 deporterades till Auschwitz i Polen varifrån bara 25 slapp ut med livet. Präster, lärare, idrottsmän och andra grupper lyckades dock genom ämbetsnedläggelser och bojkotter isolera Nasjonal Samling, som hade egentlig framgång bara inom en enda yrkeskår: polisen.

Redan i april 1940 utsattes Sverige för tyska krav på att transitera vapen och trupper till striderna i Norge. Den svenska samlingsregeringen svarade nej och utsattes då för direkta hotelser. Vid pingsttiden var man i Sverige beredd på ett tyskt angrepp. När tyskarna ansåg sig ha säkrat sitt grepp om Norge dämpades tonen något, men i juni när de direkta krigsoperationerna var slut begärde de i hotfulla ordalag att få sätta i gång vad som kallades permittenttrafik genom Sverige.

Ett enda tåg med några hundra sjukvårdssoldater hade släppts igenom tidigare, men nu såg sig samlingsregeringen

tvungen att falla undan för kravet på mera regelbunden förbindelse, dock på villkor att tyskarnas trupper i Norge inte fick ökas. Svenska folket i gemen underrättades inte om uppgörelsen, som meddelades riksdagen vid hemliga möten. Förbittringen i landet blev därför stor när de så kallade permittenttågen började rulla i många människors åsyn.

Regeringens undfallenhet är kanske ändå begriplig; transiteringsavtalet kom till i de dagar då även Frankrike hade kapitulerat för tyskarna och en majoritet i norska stortinget var beredd att söka förmå kung Haakon att abdikera. Hela Europas västkust från Nordkap till Pyrenéerna var i tyska händer. Sverige var instängt och helt beroende av tyskarna för allt som måste importeras.

Utom räckhåll för tyskarna befann sig större delen av den norska handelsflottan; dess betydelse för Storbritannien i detta skede av kriget var mycket stor, men dess offer var betydande. En tragedi som direkt berörde Sverige gällde ett tiotal fartyg som kvarhölls i Göteborg och som den norska exilregeringen i London ville få frigivna. Samlingsregeringen i Stockholm försökte klara sig undan den diplomatiska sidan av saken genom att göra det hela till en domstolsfråga. Domstolen hävde kvarstaden och fartygen kunde ge sig av, men bara två av dem klarade sig genom den tyska spärren. De andra gick under med man och allt.

År 1943 var det slut på tyskarnas krigiska framgångar, och svenska regeringen vågade säga upp avtalet om permittenttrafiken. Frågan hade samband med förhandlingar om svensk import av motorbränsle, livsmedel och annat med lejdbåtar från väster. Lejdbåtstrafiken kom verkligen i gång och betydde mycket för försörjningen och försvaret.

En ström av flyktingar från Norge kom oavbrutet över Kölen under krigsåren och kunde vittna om växande brutalitet från ockupationsmakten och dess medlöpare. Inte så få lyckades ta sig vidare till England, där de byggde upp en norsk krigsmakt på ungefär 15 000 man, men flertalet sattes i skogsarbete i Sverige, där det behövdes mycket ved under de bistra vintrarna i början av 1940-talet.

Motståndsrörelsen i Norge organiserades naturligtvis till stor del från svensk mark. Alltifrån 1944, då tyskarnas välde inte skrämde svenska regeringen mer, ordnades reguljär militär utbildning, officiellt för att utbilda poliser inför det väntade sammanbrottet i Norge. Norska regeringen förhandlade med den svenska om militärt bistånd för det fall att tyskarna skulle försöka hålla sig kvar i Norge sedan de kapitulerat på andra håll, men svenskarna trodde inte på den möjligheten. Kapitulationen den 7 maj 1945 omfattade mycket riktigt också trupperna i Norge.

Bland de femtiotusen norska flyktingarna i Sverige befann sig flera av Norges främsta författare. Deras närvaro i Stockholm fick en viss betydelse även på längre sikt. Dikter och andra texter på norska trycktes och lästes nämligen av många svenskar som normalt är alldeles för lata att befatta sig med grannlandets språk.

Den dramatiska våren 1940 åstadkom tonsättaren Lars-Erik Larsson till text av Alf Henrikson en visa som heter Obligationsmarschen. Den skrevs ytterst på initiativ av Riksgäldskontoret för att hålla ihop ett vidlyftigt radioprogram till stöd för ett akut och högeligen behövligt statslån till Sveriges försvar. Visan blev genast en schlager och fyllde nog sitt avsedda ändamål, men den var inte ämnad för evigheten. Den handlade enbart om obligationer till kanoner och patroner inför risken av invasioner av bataljoner från vissa nationer:

Kom med, kom med i vårens flor
till Tomelilla postkontor
och stå med oss i kö!
Där ligger slätten vid och stor
och vetet trivs och livet gror
i sockerbetans frö.

*Än finns det namn som i bankerna går
i Simrishamn och Kristianstad i år —*

*Går du med efter obligationer?
Har du hört vilken ränta du får?
Vi ska skramla till många miljoner,
vi ska tömma vår spargris i år.*

I det ockuperade Norge, vars försvar hade visat sig ungefär lika tandlöst som det svenska i de dagarna otvivelaktigt var, åhördes denna visa av revyförfattaren Finn Bøe, vars omsorg om fosterlandet nödvändigtvis tog sig mindre lättsinniga uttryck. Han gjorde en så kallad kontrafaktur, vilket är lärda mäns namn på nya ord till melodier med annan text:

*Hverhen du går i li og fjell
en vinterdag, en sommerkveld
ved fjord og fossevell,
fra eng og mo med furutrær,
fra havets bryn med fiskevær
og til de hvite skjær
møter du landet i trefarvet drakt,
svept i et gjennskin av flaggets farveprakt:*

*Se, en hvitstammet bjerk oppi heien
rammer stripen av blåklokker inn
mot den rødmalte stuen ved veien.
Det er flagget som vaier i vind.
Ja, så hvit som det hvite er sneen,
og det røde har kveldsolen fått,
og det blå ga sin farve til breen.
Det er Norge i rødt, hvitt og blått.*

I fortsättningen handlar sången bland annat om en flicka med röda kinder, blå ögon och vit kjol och en gosse i röd luva, ljusblå framtidstro och vit lugg. Detta känns tydligen inte alltför ansträngt i fredstid heller, ty Obligationsmarschen har blivit nära nog en nationalsång i Norge, sjungen med nästan samma patriotiska känsla och ungefär lika ofta som »Ja, vi elsker«, fast naturligtvis utan att göra Bjørnsons och Nordraaks hymn rangen stridig. Detta är till glädje inte minst för originaltextens författare, som får en liten slant från Stim när nationalsymbolen harangeras i Norge. Alldeles oförtjänt är inte detta, ty rytmen i visan är förvisso hans, men lite komiskt känns det väl.

Norrmän har uppenbarligen bättre handlag med den fosterländska lyriken och retoriken än svenskarna har visat sig besitta. Dessa exekverar då så erfordras de något slöa sekund- och tersstegen i »Du gamla, du fria« i kolugnt tempo. Barnen kallar densamma för ishockeysången, och musikalisk sakkunskap har sagt åtskilliga beska ord om den emellanåt. Hugo Alfvén ville byta ut den mot »Mandom, mod och morske män«, och Peterson-Berger fastslog med beklagande att »melodien redan i andra takten glider ner på ett så matt och intetsägande steg som inledningstonen«. Edvin Kallstenius ogillade att melodiens höjdpunkt infaller på ordet *dö*, och Ulf Peder Olrog forskade fram att den västmanländska folkvisa till vilken Richard Dybeck på 1860-talet skrev text återgår på en tysk låt med den betänkliga texten:

> *Es schläft ein Graf bei seiner Magd*
> *bis an den hellen Morgen.*
> *Fideram fideram fidera fidera –*

Andra har tyckt att det var väl tilltagset av Dybeck att usurpera både sol och himmel åt fosterlandet, och någon gång efter krigsslutet motionerade två riksdagsmän om ny svensk nationalsång, ty de tyckte inte om tronandet på minnen från fornstora dar och ville dessutom sjunga om Sverige och inte om hela fjällhöga Norden. De fick veta att »Du gamla, du fria« inte är officiellt fastställd av staten, så riksdagen såg ingen anledning att befatta sig med ärendet.

Så Sverige får nog ge sig till tåls med ishockeysången.

I början av år 1949 möttes de nordiska regeringarna i Karlstad, där statsminister Erlander lade fram ett förslag om en nordisk försvarsunion. En sådan ansågs minska riskerna för att dras in i ett nytt världskrig men förutsatte naturligtvis att utrikespolitiken samordnades på ett sätt som kunde godtas av såväl Sovjetunionen som västmakterna. Saken togs upp vid nya konferenser i Köpenhamn och Oslo, där även riksdagspartierna var representerade, men norrmännen med utrikesminister Lange i spetsen trodde inte på effektiviteten av ett nordiskt förbund utan gick i stället in i Atlantpakten, NATO. Danmark följde exemplet, och militärpolitiskt var Norden därmed mera splittrad än någonsin efter 1814.

På 1950-talet var den ekonomiska tillväxten stor i alla nordiska länder. Inte många räknade med att rent vatten och frisk luft någonsin kunde tryta. De socialdemokratiska regeringarna i Sverige, Norge och Danmark samarbetade bra med näringslivet på var sitt håll. Arbetslösheten var i stort sett borta, de sociala klyftorna tycktes utfyllas, och många trodde på ideologiernas död. Koncentration av investeringar och arbetskraft till lönsamma näringar och företag gynnades av statsmakterna, vilket särskilt i Sverige betydde omfattande folkflyttning från glesbygderna till bättre belägna orter. Strukturrationalisering var ett nytt fint ord.

Ett specialfall var Nordnorge, där det också gällde att se till att NATO-ländernas gränsområde mot Sovjetunionen inte blev avfolkat. Återuppbyggnaden av de bombade och nedbrända samhällena där genomfördes snabbt. Bortåt 10 000 nya industrijobb kom till däruppe, men samtidigt försvann många försörjningsmöjligheter inom jordbruk och fiske.

Svenska Marabou och norska Freia, som egentligen är chokladfabriker, etablerade sig 1952 i Hammerfest och byggde upp Findus, det ojämförligt största fiskfryseriet i Skandinavien. En norsk lag av 1951 gick ut på att endast aktiva fiskare fick äga trålare, men den kringgicks lätt genom att Findus lånade ut pengar till andelskapital åt ett par fiskare så att de kunde stå som ägare till sina trålare. Myndigheterna inklusive fiskeriministern tyckte att detta var bra.

SAS, Scandinavian Airlines System, hade kommit till redan 1946. Det är nog det bäst synliga resultatet av nordiskt ekonomiskt samarbete.

Nordiska rådet, som består av politiker ur de olika ländernas regeringar och parlament, såg dagen 1953. Det sammanträder varje år och samsas om resolutioner och råd till de styrande i bland annat Stockholm och Oslo, ty rådet kan självt ingenting besluta. Resultaten av dess verksamhet är ändå betydande. Passtvånget är avskaffat de nordiska länderna emellan, en fri nordisk arbetsmarknad har etablerats, lagstiftningen i sociala och ekonomiska frågor samordnas i stor utsträckning.

År 1960 upprättades frihandelsförbundet EFTA, där Sverige, Norge och Danmark blev medlemmar vid sidan av Storbritannien, Portugal, Schweiz och Österrike. Tio år senare sprack detta förbund, i det att Storbritannien och Danmark bestämde sig för att gå över till den Europeiska gemensamma marknaden, EG. I Norge fanns det säker majoritet i stortinget för att göra sammalunda, ty såväl storindustrin som arbetarnas topporganisationer betonade vikten av att Norge inte blev ställt utanför. En folkomröstning om saken på hösten 1972 gav emellertid ett resultat som överraskade både stortinget och regeringen: antalet nejröster övervägde. Den socialdemokratiska regeringen Bratteli som hade gjort saken till kabinettsfråga måste avgå. Såväl Norge som Sverige kom att stå utanför EG.

Tjugo år senare, då det så kallade kalla kriget mellan stormakterna i öst och väst är avblåst och Sovjetunionen till allmän häpnad har fallit sönder, är EG-frågan levande i Skandinavien igen och neutraliteten synbarligen mindre helig än förr även i Sverige.

I slutet av 1960-talet gjordes stora fynd av olja i Nordsjön, som vid det laget var uppdelad i zoner mellan alla strandstaterna. Norge hade tur, ty på dess område ligger fältet Ekofisk som visade sig givande, och stora förhoppningar knöts genast även till andra bottnar med ståtliga namn: Trollfältet, Friggfältet, Snorrefältet, Osebergsfältet. Till sin egen förundran blev Norge inom kort en av världens viktigaste oljeproducenter, vilket inte saknar betydelse för relationerna till Sverige, där Statoil har övertagit anläggningar från Esso och Skanska anförtros att bygga vågbrytare på öppna havet. Oljans betydelse för norska statens budget är naturligtvis stor, men fluktuationerna i oljepriset är synnerligen kännbara.

Norska och svenska är dialekter av ett och samma språk, men den skandinaviska halvön bebos förvisso av två skilda nationer. Olikheterna är större än de låter. Ingen Margrete eller Bernadotte arbetar längre för personalunion, ingen Adlersparre eller Wedel Jarlsberg tänker sig möjligheten att slå ihop stortinget med riksdagen. Det bör förmodligen alla svenskar och norrmän vara tacksamma för. Men möjligen kan vi beklaga att det gick som det gjorde för drottning

Margretes efterträdare, ty om den medeltida unionen hade fått bestå kan det tänkas att de nordiska dialekterna skulle ha kommit varandra närmare, att den lutherska reformationen kunde ha resulterat i en nordisk statskyrka med gemensamma urkunder och att litteraturerna hade haft lättare att överskrida dagens statsgränser.

Tillfället återkom aldrig, och därför händer det på 1990-talet att televisionen anser sig behöva översätta norskt eller svenskt tal till svenska eller norska texter i tro att folk annars inte gitter begripa.

Vi borde skämmas.

En skandinavisk kronologi

*vars regentlängder inte bör tas på alltför stort allvar
men kan vara till nytta ändå.*

Norge   Sverige

Harald Hårfagre c:a	880–940		
Eirik Blodøks c:a	940–947		
Håkon Adalsteinsfostre	947–960		
Harald Gråfell	960–970		
Håkon jarl	970–995	990	Erik Segersäll c:a
Olav Tryggvason	995–1000	995–1020	Olof Skötkonung c:a
Eirik jarl	1000–1016		
Olav den hellige	1016–1028	1020–1050	Anund Jacob c:a
Svein Alfivason	1028–1035		
Magnus den gode	1035–1047		
Harald Hårdråde	1047–1066	1050–1060	Emund Gammal c:a
Olav Kyrre	1066–1093	1060–1067	Stenkil
		1067–1080	Inge d. ä. och Halsten
		1080	Blotsven c:a
Magnus Barfot	1093–1103	1080–1105	Inge d. ä.
Øystein Magnusson	1103–1123	1105–1118	Filip c:a
Sigurd Jorsalafar	1103–1130	1118–1130	Inge d. y.
Magnus Blinde	1130–1135		
Harald Gille	1130–1136		
Sigurd Slembe	1136–1139	1140–1156	Sverker den gamle c:a
Inge Krokrygg	1136–1161		
Sigurd Munn	1136–1155	1150–1160	Erik den helige c:a
Øystein Haraldsson	1142–1157		
Håkon Herdebrei	1161–1162	1160–1167	Carl Sverkersson
Magnus Erlingsson	1163–1184	1167–1196	Knut Eriksson
Sverre	1184–1202	1196–1208	Sverker den yngre
Håkon Sverresson	1202–1204		
Inge Bårdsson	1204–1217	1208–1216	Erik Knutsson
		1216–1222	Johan Sverkersson
Håkon Håkonsson	1217–1263	1222–1250	Erik läspe och halte

		1229–1234	(Knut Långe)
		1250–1266	Birger jarl
Magnus Lagabøte	1263–1280	1266–1274	Valdemar
		1274–1290	Magnus Ladulås
Eirik Prestehater	1280–1299	1290–1318	Birger Magnusson
Håkon Hålegg	1299–1319	1290–1317	Hertig Erik Magnusson
Magnus Eriksson	1319–1343	1319–1364	Magnus Eriksson
Håkon Magnusson	1343–1380	1364–1389	Albrekt av Mecklenburg
Olav Håkonsson	1380–1387		
Margrete	1387–1412	1389–1412	Margareta
Erik av Pommern	1412–1440	1412–1435	Erik av Pommern
		1434–1436	(Engelbrekt)
		1438–1440	(Carl Knutsson Bonde)
Christoffer av Bayern	1442–1448	1440–1448	Christoffer av Bayern
Carl Knutsson Bonde	1448–1449	1448–1457	Carl Knutsson Bonde
		1464–1465	
		1467–1470	
Christian I	1449–1481	1457–1464	Christian I
		1470–1497	Sten Sture den äldre
Hans	1483–1513	1497–1501	Hans
		1501–1503	Sten Sture den äldre
		1503–1512	Svarte Nilsson
Christian II	1513–1523	1512–1520	Sten Sture den yngre
		1520–1523	Christian II
Frederik I	1524–1533		
Ærkebiskop Olav	1533–1536		
Christian III	1536–1559	1523–1560	Gustaf Vasa
		1561–1568	Erik XIV
Frederik II	1559–1588	1568–1592	Johan III
		1592–1599	Sigismund
		1599–1611	Carl IX
Christian IV	1588–1648	1611–1632	Gustaf II Adolf
Frederik III	1648–1670	1632–1654	Christina
		1654–1660	Carl X Gustaf
Christian V	1670–1699	1660–1697	Carl XI
		1697–1718	Carl XII
Frederik IV	1699–1730	1719–1720	Ulrica Eleonora

Christian VI	1730–1746	1720–1751	Fredrik I
Frederik V	1746–1766	1751–1771	Adolf Fredrik
Christian VII	1766–1808	1771–1792	Gustaf III
		1792–1809	Gustaf IV Adolf
Frederik VI	1808–1814		
Christian Frederik	1814		
Carl II (XIII)	1814–1818	1809–1818	Carl XIII
Carl III (XIV) Johan	1818–1844	1818–1844	Carl XIV Johan
Oscar I	1844–1859	1844–1859	Oscar I
Carl IV (XV)	1859–1872	1859–1872	Carl XV
Oscar II	1872–1905	1872–1907	Oscar II
Haakon VII	1905–1957	1907–1950	Gustaf V
Olav V	1957–1991	1950–1973	Gustaf VI Adolf
Harald	1991–	1973–	Carl XVI Gustaf

Register

Aall, Jacob 115
Aasen, Ivar 136
Aaset, Ole Olsen 124
Adlersparre, Georg 105, 106
Adolf Fredrik 94, 95
Adolf av Holstein 56, 59
Agnefit 10
Akershus 53, 60, 63, 64, 73, 74, 75, 78, 80, 82, 85, 86, 99
Albrekt av Mecklenburg, *senior* 31
Albrekt av Mecklenburg, *junior* 31, 33, 39, 41, 42, 43, 44, 46
Alexander I, *tsar* 101
Alf Knutsson Tre Rosor 64
Alfvén, Hugo 171
»Altmark« 163, 164
»Amtmandens Døttre« 137
Amund Bolt 53
Anjalaförbundet 98
Anker, Carsten 111, 115, 118
Anker, Peder 127, 133
Anna Colbjørnsdatter Ramus 90
Anund Jakob 13, 14
Arboga 51, 67
Arend, *hovpredikant hos Erik av Pommern* 49
Arild Kane 72
Armfelt, Carl Gustaf 92
Armfelt, Gustaf Mauritz 100
Arne Sigurdsson 44
Arnljot Gelline 13, 14
Asbjørnsen, Peter Christen 134
Aslak Bolt 54, 60, 61
Assar, *biskop i Lund* 18
Atlantpakten 172
Auschwitz 166
Avaskär 62
Axelsson Tott, Erik 66
Axelsson Tott, Ivar 66

bagler 23, 24
Barbareskstaterna 129
Beauharnais, Eugène de 106
Bene Skinnkniv 25
Bengt Algotsson 36

Bengt Jönsson Oxenstierna 59
Berg, Fridtjuv 153
Bergen 26, 34, 35, 44, 64, 65, 68, 100, 122
Bernadotte, Jean Baptiste 102, 106, 108, 109. *Se vidare Carl Johan.*
Bild, Evert 80
Bilde, Claus 78
Birch-Reichenwald, Christian 140, 141
Birger Brosa 23
Birger jarl 28
Birger Magnusson, *kung* 29, 30
Birgitta 53
birkebeinar 23, 24
Birkeland, Kristian 153
Björlin, Gustaf 120
Björn stallare 12
Bjørnson, Bjørnstjerne 137, 142, 148, 149
Blanka (Blanche) av Namur 33, 38
»Blücher«, *kryssare* 164
Bo Jonsson Grip 41, 42, 43
Bobrikov, Nikolaj 148
Bodøsaken 127–128
Bogislav 54
Bohus 68, 69, 70, 72, 75, 76
Bohuslän 11, 25, 46, 76, 78, 86, 87, 88, 98, 99
Bolt, Amund 53
Bolt, Aslak 54, 60, 61
Bombelles 112, 113
bondetåget 155
Boström, Erik Gustaf 149, 150
Bourke, Edmund 113
Bramstorp, Axel Pehrsson 160
Bratt, Ivan 157
Bredal, Erik 86
Bremer, Fredrika 137
Brun, Johan Nordahl 96
Brunkeberg 67, 68
Brynjolf kamel 11
brännvin 134, 135, 157, 158
Brännö 15

181

Brömsebrofreden 85
Bull, Ole 136
Bäckaskog 139
Bærum 82
Bøe, Finn 170

Carl (= Haakon VII) 152
Carl IX 81
Carl X Gustaf 86
Carl XII 88–92
Carl XIII 105, 106
Carl XIV (III) Johan 109–114, 117–123, 126–133
Carl XV 139, 140, 141
Carl August, *kronprins* 106
Carl Johans gate 136, 146
Carl Knutsson Bonde 52, 55, 56, 58, 59, 60, 61, 62, 63, 65, 66, 67
Christian I 59–68
Christian II 73–78
Christian III 79
Christian IV 81, 82, 85
Christian VI 93, 94
Christian August (= Carl August) 104, 105, 106
Christian Frederik 111, 114, 115, 116, 118, 119, 121, 122, 123
Christiane 82
Christiania 86, 90, 100, 126, 136, 137, 143
Christie, Wilhelm Frimann Koren 123
Christoffer I (av Danmark) 28
Christoffer II (av Danmark) 32
Christoffer (III) av Bayern 56
Collart, Claude 80
Collett, Camilla 137
Collett, Jonas 130
Cruus, Jesper 81

Dalaborg 43
Daljunkaren 76
Dalsland 46
Dannebrog 129
De Geer, Louis 139, 141
Dennewitz 110
Désirée 108
Det Norske Arbeiderparti 160
»Det Norske Folks Historie« 142
Det Norske Kvælstofcompagni 152

digerdöden 34, 35, 36
Dorothea, *drottning* 58, 62
Douglas, Ludvig 148
Du gamla, du fria 171–172
Dybbøl 139
Dybeck, Richard 171
Dynekilen 90
Dyre, Margareta, f. Huitfeldt 87
Dyre, Mette Ivarsdotter 73

Eda skans 100
EFTA 173
EG 173, 174
Eidsvold 111, 116, 117, 118, 133
Eilif den götiske 11
Eirik jarl 9, 10
Eirik Prestehater 29
Elisabeth av Holstein 38
Elisabet, *rysk kejsarinna* 94, 95
Elverum 164
Emund från Skara 13
Endrid Erlendsson 48
Engelbrekt 49, 52, 53
Engeström, Lars von 107, 128
Erik av Pommern 48, 49, 50, 52, 53, 54, 55, 56, 57
Erik Ejegod 16
Erik Emundsson 7
Erik Klipping 28
Erik läspe och halte 26
Erik Magnusson, *hertig* 29, 30
Erik Magnusson, *son till Magnus Eriksson* 36, 37
Erik Menved 29
Erik Segersäll 8
Erik Sæmundsson 60, 61
erikska ätten 21
Erlander, Tage 172
Erling Skakke 22, 23
Erling Vidkunsson 30, 32, 33
Essen, Hans Henrik von 112, 125, 126
Eufemia, *Magnus Erikssons syster* 31
Ewerth, *engelsk affärsman* 127
Eyde, Sam 152, 153

Falan, *slagfält* 43
Falsen, Christian Magnus 116
Falsterbo 42, 47

Fersen, Axel von 106
Filippa, *drottning* 54
Filippus Simonsson 24
»Fjeldstuen« 136
flagga 124, 129, 135, 148
Flekkerøy 104
Folkvid, *lagman* 23
Fournier, *vicekonsul* 107, 108
Foxerna, *slagfält* 16
Frederik I 74, 75, 76, 78
Frederik VI 103, 105, 110, 113, 114, 122
Frederik VII 138, 139
Fredrik I 94
Fredrikshald 90
Fredrikshamnsfreden 104
Fredriksten 90, 92
Freia, *chokladfabrik* 173
frimärken 137
»Frithiofs Saga« 130
Fyrileiv 19
»Fänrik Ståls sägner« 104
Färöarna 21, 114
förbudsomröstning 157

Galle, Olav 74, 75
Gata, *slagfält* 39
Gaute, *en präst* 25
Geijer, Erik Gustaf 45
General-Kirke-Inspections-Kollegium 93
Gilchrist (= Harald Gille) 19
Gotland 10, 37, 44, 46, 55, 56
Gregorius Dagsson 22
grevefejden 79
Grip, Bo Jonsson 41, 42, 43
Gripenstedt, Johan August 139
Gross-Beeren, *slagfält* 110
Grönland 25, 160
Gustaf Vasa 74, 75, 76, 77
Gustaf III 96-100
Gustaf IV Adolf 102-105
Gustaf V 147, 152, 155
Guttorm, *sonson till Sverre* 24
Gyldenløve, Ulrik Frederik 87, 88
Göksholm 52
Görtz, Georg Heinrich 91
Göta älv 28
Göteborg 81, 92, 105, 168

Haakon VII 152, 164, 167
Halland 28, 29, 31, 32, 33, 80, 84
Halmstad 51, 60, 61, 70, 71
Halvard Gråtopp 54
Halvdan Kvitbein 7
Hamar 80, 81
Hambro, C.J. 164
Hammarskjöld, Hjalmar 156
Hammerfest 146
Hannibalsfejden 82, 83
Hans, *unionskung* 63, 70, 71, 72, 73
Hans Mule 74, 75
hanseater 32, 44, 48, 49, 53, 64, 65
Hansen, Jørgen 74
Hansson, Per Albin 160
Harald Gille 19, 20
Harald Hårdråde 15, 16
Harald Hårfagre 7
Hardeknud 14, 15
Hartmansdorff, Jacob August von 132
Hauge, Hans Nielsen 100, 101
Hebriderna 66
Hedin, Adolf 144
Hedin, Sven 115
Helsingborg 37, 43, 56
Hemming, *ärkebiskop* 34
Henrik av Mecklenburg 31
Hielm, Jonas Anton 133
Hisingen 13, 78
Hitler, Adolf 161, 162
Hjaltland 67
Holberg, Ludvig 93
Holmengrå 20
Holmenkollbanen 146
Horn, Gustaf 82
Hroe den skelögde 11
Huitfeldt, Margareta Dyre 87
Håkan Galen 24
Håkan Herdebrei 22
Håkon Hålegg 29, 30
Håkon den gamle Håkonsson 25, 26, 28
Håkon Magnusson 34, 36, 37, 38, 39, 40, 41
Håkon Sverreson 23, 25
Härnösand 61

Ibsen, Henrik 76, 142
Inge den äldre 16

Inge Bårdsson 24, 25
Inge Krokrygg 22
Ingeborg, *Olav Tryggvasons syster* 12
Ingeborg, *Magnus Lagabøtes danska gemål* 28
Ingeborg, *Håkon Håleggs dotter, hertiginna av Halland* 29, 31, 32
Ingegerd, *Olof Skötkonungs dotter* 13
Inger till Austråt 76
Ingjald Illråde 7
Innocentius IV 26
ishockeysången 171
Ivar Vidfamne 7

Ja, vi elsker dette landet 142
Jaabæk, Søren Pedersen 142, 143
James III av Skottland 66
Jamstillingsvedtaket 146
Jaroslav, *furste i Novgorod* 14
Jensen, Peter Andreas 139
Johan Smør 70
Johann, *greve av Holstein* 33
Jon Drotning 24
julirevolutionen i Paris 132
Jämtland 17, 18, 80, 82, 86
järnväg 137
Jöns Bengtsson Oxenstierna 62, 63, 65
Jöns Gerekesson 49
Jössingfjord 164

Kallstenius, Edvin 171
Kalmar 18, 33, 39, 44, 45, 46, 56, 135
Kalmarkriget 80, 81, 82
Kalteisen 61
Kalvskinnet, *slagfält* 23
Kane, Arild 72
Kap Finisterre 129
Karl, *biskop i Hamar* 74
Karl, *biskop i Linköping* 30
Karl V, *kejsare* 79
Karlsborg, *vid Åbyfjorden* 78
Karlskrona 101
Karlstad 98, 152
Karlstens fästning 92
Katarina II av Ryssland 97
Keyser, Rudolf 142
Kielfreden 113, 114
Kielland, Alexander 144

Knud den store 13, 14
Knud Porse 31, 32
Knudsen, Gunnar 155
Knudsen, Knud 141, 146
Knut Alfsson Tre Rosor 70, 72, 73
Knut Algotsson 46
Knut Eriksson 23
Knut Håkansson 25
kohandeln 160
Koht, Halvdan 161
Komintern 117
konfirmation 93, 94
Kongsvinger 152
konsulatsväsen 108, 109, 110
kontinentalsystemet 102, 103, 109
Konungahälla 16, 70, 72
konventikelplakatet 134
Kringen, *slagfält* 81
Krister Nilsson Vasa 54, 55
Kristin, *dotter till Sverre* 23
Kristin, *Håkan Galens sambo* 24
Krummedike, Hartwig 61, 63, 64
Krummedike, Henrik 71, 73, 75
Kungälv 78, 81
Kuusinen, Otto Vilhelm 162
Kvidinge 106
Kvistrum, *slagfält* 98
Kållandsö 16
Köpenhamn 48, 90, 97, 98, 101, 102, 103

Lagerheim, Alfred 150
Lange, Halvard 172
Langlet, E.V. 143
Larsson, Lars-Erik 169
Lasse Skjold 72
Leipzig, *slagfält* 112
lejdbåtar 168
Lena gård 28
Lewenhaupt, Carl 148
Lie, Trygve 161
Lier, *slagfält* 120
Lindblom, Jakob Axelsson, 108
Lindeberg, Anders 131, 132
Linköpings möte 21
Lodin, *ärkebiskop i Nidaros* 35
Lofthus, Christian 99
Lund, *slaget vid* 88
Lundeberg, Christian 151

Lunge, Vincent 79
»Læsebog for folkskolen og folke-
hjemmet« 139
Lödöse 58, 78
Løvenskiold, Severin 115, 133, 140

Magdalena, Carl Knutssons dotter 66
Magnus, *biskop i Skara* 78
Magnus Barfot 16, 17
Magnus Birgersson, *kronprins* 30
Magnus Bladstakk 25
Magnus Blinde 19, 20
Magnus den gode 14, 15
Magnus Eriksson 30, 31, 32, 33, 34,
 36, 37, 38, 39, 40
Magnus Erlingsson 22, 23
Magnus Lagabøte 28, 29, 66
Malmö 44
Man, *ön* 16, 21, 66
Manderström, Ludvig 139
»Mandom, mod och morske män«
 171
Marabou, *chokladfabrik* 173
Marcellus de Niveriis 61
Margareta Fredkulla 17
Margrete alias Margareta, *unionsdrottning*
 37–39, 41–48
Margrete, *James III:s gemål* 66
Marselis, Gabriel 82
Marstrand 60, 75, 81, 92
Martineau, Jean 100
Masséna, André 106
Meltzer, Frederik 129
Mette Ivarsdotter Dyre 73
Michelsen, Christian 150, 151
Moe, Jørgen 134
Moltke, Herman 60
Moltke, Johan 60
Mora 98
Mora sten 31, 39, 44, 59, 63
Moskvateserna 160
Moss 120, 121
Mowinkel 162
Mule, Hans 74, 75
Munch, Peter Andreas 142
Munkaliv 64
myntunion 143, 144
Måns Bengtsson Natt och Dag 52, 53
Mæreta Ulfdotter från Ulfåsa 46

Mörner, Carl 126
Mörner, Carl Otto 106

Namsos 164
Napoléon I 102, 103, 106, 109, 110,
 111
Narvik 163, 164, 165
Nasjonal Samling 160, 166
Nasjonalgalleriet 134
NATO 172
Nelson, *amiral* 101
Nicholas Brekespear 21
Nicolas, *biskop* 24
Nidaros 21, 34, 58
Niels Svendsøn 17, 18
Nils, *ärkebiskop i Lund* 38
Nils Jönsson Oxenstierna 59
Nissan 16
Norderhov 142
Nordiska rådet 173
Nordisk Folkereisning 160
Nordraak, Rikard 142
nordsjöolja 174
»Norge i rødt, hvitt og blått« 170
Norges bank 124, 127
»Norske Folkeeventyr« 134
Norsk Hydro-Elektrisk Kvælstof A/S
 153, 158
Novgorod 14, 31
Nygaardsvold, Johan 161
nykterhetsrörelse 157
Nyköpings gästabud 30
Nöteborgsfreden 31

Obligationsmarschen 169
Oden 7
Oftedal, Lars 144
Ohme 121
Okse, Jørgen Lauriðsen 68
Olav Engelbrechtsen 78, 79
Olav Galle 74, 75
Olav Haraldsson 10, 11, 13, 14
Olav Håkonsson 41, 42
Olav Kyrre 16
Olav Tryggvason 8, 9
Olof, *domprost i Uppsala* 50
Olof Nilsson 64
Olof Skötkonung 8, 9, 10, 12, 13
Olof Trätälja 7

185

Olrog, Ulf Peder 171
Orkneyöarna 7, 16, 67, 68
Orust 11
Oscar I 135, 138
Oscar II 141, 144, 146, 147, 148, 150, 151, 152
Oslo 32, 42, 53, 54, 58, 60, 68, 73, 80
Oxenstierna, Axel 84
Oxenstierna, Bengt Jönsson 59
Oxenstierna, Jöns Bengtsson 62, 63, 65
Oxenstierna, Nils Jönsson 59

Parker, *brittisk amiral* 101
Parow, Henrik 43
Paul, *tsar* 101
permittenttrafik 166, 167
Peter den store 91
Peterson-Berger, Wilhelm 171
von Platen, Baltzar Bogislaus 126
Ploug, Carl 138
Poltava 89
Pommern 114
Ponte Corvo 108
Porse, Knud 31, 32
Prestebakke, *slagfält* 104
Puke, Erik 55

Quisling, Vidkun 160, 166

Ragnhildsholmen 29
Ragnvald jarl 11, 12
Ramstedt, John 151
Ranrike 7, 11
Rantzau, Daniel 80
Reiald, *biskop* 19
Rene Venstre 144
ribbungarna 25
Rikissa Birgersdotter 28
Rjukanforsen 153
Rosen, Axel von 118
Rosenblad, Matthias 123
Roskildefreden 86
Rotebro, *slagfält* 71
Royal Suédois, *ett regemente* 120
Runeberg, Johan Ludvig 104, 138
Rydberg, Viktor 138
rysktyska pakten 101–102

Rød, *ett gods* 121
Røros 92
Röslein, C.H. 127
rösträtt 117, 145, 154

Sandels, Johan August 126
SAS 171
Schöning, Gerhard 96
Sehested, Hannibal 82, 83, 84, 85
Serenius, Jacob 94
Shetlandsöarna 7, 67, 68
Sigrid Storråda 8
Sigurd Havtoresson 33
Sigurd Jonsson 55
Sigurd Jorsalafar 18
Sigurd Munn 22
Sigurd Slembe 19, 20
Skara 33
Skjold, Lasse 72
Skjöldebrand, Carl Erik 118
Skotterud 120
Skule Bårdsson 25
Skänninge 26
Skåne 31, 33, 37
Slotsveien 136
snapphanar 88
Snorri Sturluson 7, 96
Sotaskär 10
spannmålstullar 145
sprit 157, 158
Staaff, Karl 151, 153, 154
Stalin, Josef 162
Stang, Emil 144, 146, 147
Stang, Frederik 141
Steen, Johannes 146, 148
Stefan, *ärkebiskop* 22
Stegeborg 56
Steinsvikholm 80
Stiklastad, *slagfält* 14, 15
Stockholm 43, 44, 52, 54, 71, 74, 100
Stora daldansen 95
Strömberg, Johan Peter 126
Strömstad 92
Sture, Elin 66
Sture, Sten d.ä. 66, 67, 70, 71, 72, 73
Sture, Svante Nilsson 73
Svarte Jöns 53

Sveaborg 104
svedjebruk 85, 86
Svein Ulfsson (= Svend Estridsøn) 15
Svend Estridsøn 15, 16
Svend Tveskæg 8, 9
Sverdrup, Georg 115, 116
Sverdrup, Johan 144
»Sverige åt svenskarna« 108
sverkerska ätten 21
Sverre 23, 24
Svinesund 112, 119, 120
Svolder 8, 9, 10
»Synnøve Solbakken« 137
syttende maj 129
Särnadalen 84
Södermark, Olof Johan 120

Tank, Carsten 121
Tanum 16
Tegnér, Esaias 130
telegraf 137
Tumathorpe 18
Tilsit 102, 103
Tistedalselva 120
Tordenskiold, Peter Wessel 90, 91, 92
Torgny lagman 12, 13
Torleif från Bergen, *prost* 50
Torstein Tjov 24
Torstenson, Lennart 82
Toverud, *slagfält* 104
Trangen, *slagfält* 104
Trolle, Gustaf 76
Trondheim 80, 86, 112, 127
Trotskij, Leo 161
Tunsberg 31
Tunsberghus 33, 73
Ture Jönsson Tre Rosor 78

Tysfjord 81

Uddevalla 72, 81, 88, 119
Ueland, *bondeledare* 134
Uppsala ärkestift 84, 85

Vadstena 50
Valdemar Atterdag 37, 38, 41
Valdemar den store 23
Valdemar Magnusson, *hertig* 30
Wallenberg 153
Varanger 81
Varberg 31, 34, 36
Vardøhus 81
Wedel Jarlsberg, Herman 105, 107–110, 112, 123, 127, 130, 140
Wergeland, Henrik 133
Wessel, Johan Herman 96
af Wetterstedt, Gustaf 114, 123
Vilhelm av Sabina 26, 27, 28
Visby 37, 46, 57
Vogt, Jørgen Herman 136
Vänersborg 88
Värmland 7, 25, 39
Vätte härad 25

Åland 91
Åndalsnes 164
Åsle, *slagfält* 43

Älvsborg 55, 64, 71

Örebro 50, 52, 106, 107
Öresund 84
Östgrönland 117
Øystein Erlendsson 22
Øystein Haraldsson 22
Øystein Magnusson 17